U0916707

REPORT ON CHINA JUSTICE INDEX 2017

中国司法文明指数报告

2017

中国司法文明指数项目组

顾　　　问：张文显　陈光中

项目主任：张保生

项目副主任：张　中

项目执行主任：吴洪淇

参加人员：国家司法文明协同创新中心本项目课题组全体成员

国家司法文明协同创新中心

REPORT ON CHINA JUSTICE INDEX 2017

中国司法文明指数报告

2017

顾　问　张文显　陈光中

首席专家　张保生

首席专家助理　张　中　吴洪淇

项目组主要成员

张保生　张　中　吴洪淇　褚福民　满运龙　施鹏鹏
郑　飞　樊传明　柴　鹏　李　吟　张　伟　冯俊伟
刘世权　尚　华　戴　锐　曹　佳　董　帅　张南宁
张文博　米加宁　邱　枫　陆誉蓉　朱　婧

中国政法大学出版社

2018・北京

Supported by Collaborative Innovation Center of Judicial Civilization, China

REPORT ON CHINA JUSTICE INDEX 2017

Chief Reporter: Baosheng Zhang

Associate Reporters: Zhong Zhang and Hongqi Wu

CHINA UNIVERSITY OF POLITICAL SCIENCE AND LAW PRESS

序言

PREFACE

司法文明指数项目是教育部、财政部“高等学校创新能力提升计划”（“2011 计划”）、“双一流计划”司法文明协同创新中心承担的一项重大研究任务。

“司法文明协同创新中心”是教育部、财政部 2013 年第一批认定的“2011 计划”14 个协同创新中心之一。该中心按照“国家急需、世界一流”的要求，瞄准司法文明这一法治文明传承创新的重大需求，以中国政法大学为牵头高校，吉林大学、武汉大学、浙江大学为主要参与高校，并联合了各级司法机关和法律行业组织等 38 个国内协同单位，以及 16 个国外协同机构（含 11 个国外大学、研究所、国际组织和 5 个国外教授单位）。该中心的宗旨是：促进国家司法文明建设，提升中国司法文明在世界司法文明体系中的认同度和话语权，推进中华民族早日跻身世界司法文明先进行列。该中心肩负“五大任务”：一是理论创新，探索科学的司法理论；二是制度创新，建构先进的司法制度；三是实践创新，促进公正的司法运作；四是教育创新，造就卓越的司法精英；五是文化创新，培育理性的司法文化。

司法是维护社会公正和法治的最后一道防线。进入 21 世纪后，随着市场经济的发展，我国已逐步进入“诉讼社会”，人民群众日益增长的司法需求与司法供给的矛盾愈加突出，司法机关成为各种利益的竞技场、各种矛盾的集散地。然而，愚昧司法、野蛮司法、司法腐败、冤假错案等现象，严重损害了中国司法的公信力，成为人民群众反映强烈的一个突出的社会问题。自党的十五大提出“依法治国”方略以来，党的历次代表大会都把法治建设和公正司法作为党和国家的重大战略任务，十八届四中全会《决定》更加明确地把“保证公正司法，提高司法公信力”作为全面推进依法治国的六大任务之一，提出：“公正是法治的生命线。司法公正对社会公正具有重要引领作用，司法不公对社会公正具有致命破坏作用。”因此，司法文明传承创新是全面推进依法治国的一项重大战略任务，也是一项复杂的社会系统工程。

“中国司法文明指数”（China Justice Index）作为法治建设的一种量化评估工具，在“保证公正司法，提高司法公信力”方面可以发挥如下作用：首先，对于各级司法机关及其工作人员而言，它可为加强司法文明建设提供一面自我对照的“镜子”。该指数地区排名反映了各地司法文明建设的强项和弱项，为各地司法文明建设具体方案的制定和实施提供了实证数据。当然，我们也要申明该指数功能的有限性，它并未给各地如何加强司法文明建设提供一个完整的诊断或现成的“药方”，而仅仅是为描绘一个省、自治区、直辖市的司法文明状况提供了一些人民群众满意度的基础数据。各地司法机关需要在此基础上进行多维度的综合分析和深入研究，才能找到解决自己问题的具体方案。其次，对于法学研究和法学教育而言，本指数报告可为其提供一种可靠和中立的数据资源，为学者和学生们探索司法文明的理论和实践问题提供一些实证研究的条件。

司法文明指标体系和调查问卷设计了一批客观数据，并试图以主观指标和客观指标 9：1 的比例，在指数评估中有机地加入这些客观数据。然而，在司法文明量化评价方法中，客观数据是否真的客观？被调查者的主观感受是否真的可靠？司法文明指数主要依靠人民群众满意度调查是否确实可信？这些都是值得法学理论界、司法实务界和本指数项目研究团队继续深入研究的问题。一方面，我们的法学研究和法律实务中都还存有迷信客观性的传统；另一方面，我们对域外民意测验、支持率调查、选民心态和选举活动等社会调查理论和实践还缺乏深入的研究。但是，我们相信，司法文明一定是人民群众可以认知和感受的东西，而不是虚无缥缈、不可捉摸的东西。我们要贯彻十八届四中全会《决定》“努力让人民群众在每一个司法案件中感受到公平正义”的精神，就要重视调查普通民众和法律职业群体对本地司法现状的亲身感受，以及他们对本地司法工作的满意度。我们还坚信，人民群众满意度评价是衡量“公正司法”和“司法公信力”的最高标准。

《中国司法文明指数报告 2017》，展现了本指数项目研究课题组 2017 年在全国 31 个省、自治区、直辖市进行调查和数据分析的成果。本项目实施第四年，在司法文明指标体系、评价方法等方面仍带有试验探索的性质，所以，无论是指标体系设计，还是指数调查和分析方法，仍有很多值得改进之处，恳请读者提出宝贵的批评意见，以便我们继续完善。

国家司法文明协同创新中心

2018 年 4 月 28 日

缩略语词表

全　　称	简　　称
《中华人民共和国宪法》	《宪法》
《中华人民共和国刑法》	《刑法》
《中华人民共和国刑事诉讼法》	《刑事诉讼法》
《中华人民共和国民事诉讼法》	《民事诉讼法》
《中华人民共和国行政诉讼法》	《行政诉讼法》
《中华人民共和国人民法院组织法》	《人民法院组织法》
《中华人民共和国人民检察院组织法》	《人民检察院组织法》
《中华人民共和国法官法》	《法官法》
《中华人民共和国检察官法》	《检察官法》
《中华人民共和国人民警察法》	《警察法》
《中华人民共和国律师法》	《律师法》
最高人民法院、最高人民检察院、公安部、国家安全部、司法部《关于办理死刑案件审查判断证据若干问题的规定》	“两院三部”2010 年《死刑案件证据规定》
最高人民法院《关于民事诉讼证据的若干规定》	《民事诉讼证据规定》
最高人民法院《中华人民共和国法官职业道德基本准则》	《法官职业道德基本准则》
最高人民检察院《中华人民共和国检察官职业道德基本准则》	《检察官职业道德基本准则》
中华全国律师协会《律师执业行为规范》	《律师执业行为规范》
中国共产党第十八届中央委员会第四次全体会议通过的《中共中央关于全面推进依法治国若干重大问题的决定》	十八届四中全会《决定》

目录
CONTENTS

第一章　司法文明指数概论

第二章　司法文明指数设置

第三章 司法文明指数项目

第四章 司法文明指数数据报告

Table of Contents

第一章　司法文明指数概论

一、司法文明

“文明”是与“愚昧”、“落后”、“野蛮”相对的概念，指“人类社会进步状态”[1]。文明又与“文化”近义，[2]“文化是文明社会形成的生活方式”[3]。广义的文化包含物质文化、制度文化和精神文化。[4]一般而言，“文明总是与民族精神、信仰、文化及人们的使用语境相联系”，它是“人类从野蛮走向开化的进程”。[5]从社会发展进程看，“法制的形成系人类社会由野蛮进入文明的重要标志”[6]。与人类的古代文明和近代文明相比，现代文明是指社会文明发展的更高阶段，与科学技术、人文精神、市场经济、民主政治、法治文化相适应，其表现形态包括物质文明、政治文明、法治文明、精神文明、生态文明等。

在政治文明、法治文明与司法文明的关系中，“法治文明系政治文明的基本标志，司法文明系法治文明的基本标志”[7]。在这个意义上，司法文明意味着“司法进步”（progress of justice），意味着更先进的司法理念、司法制度、司法行为和司法文化，是一个国家法治文明的指示器。

现代司法文明是对人类司法史上以人治为基础的非理性裁判方式进行批判性反思的成果。拉德布鲁赫考察了从古代“建立在信仰和迷信之上的证据”，到近代“法定证据理论”，再到现代“科学证据理论”的发展过程，称其“令人联想到黑格尔精神发展过程的正反合三段式”。[8]显然，从愚昧、野蛮到文明，体现了司法理念和司法制度的螺旋式上升运动。贝卡利亚在考察残酷刑罚和野蛮刑诉程序的基础上，[9]提出了罪刑法定、罪刑相适应和刑罚人道化的近代刑法三原则。张文显教授则强调：“人权保障是司法文明的核心标志，也是司法文明的强大动力。如果说古代司法的文明意义在于定分止争、惩恶扬善，那么现代司法的文明意义则在于保障人权、维护正义，正是对人

---

〔1〕参见辞海编辑委员会编纂：《辞海》，上海辞书出版社 2002 年版，第 1767 页。

〔2〕参见中国科学院语言研究所词典编辑室编：《现代汉语词典》，商务印书馆 1995 年版，第 1204 页。

〔3〕胡适：“我们对于西洋近代文明的态度”，载《现代评论》1926 年第 4 卷第 83 期。

〔4〕杨明华编著：《有关文化的 100 个素养》，台北驿站文化事业有限公司 2009 年版。

〔5〕Leslie C. Green, “‘Civilized’ Law and ‘Primitive’ Peoples”, *Osgoode Hall Law Journal*, Vol. 13, 1975, p. 1.

〔6〕张晋藩：“中国古代司法文明与当代意义”，载《法制与社会发展》2014 年第 2 期。

〔7〕张文显：“司法文明新的里程碑——2012 刑事诉讼法的文明价值”，载《法制与社会发展》2013 年第 2 期。

〔8〕参见［德］拉德布鲁赫：《法学导论》，米健译，法律出版社 2012 年版，第 141~146 页。

〔9〕［意］贝卡利亚：《论犯罪与刑罚》（第 2 版），黄风译，中国法制出版社 2005 年版，第 7 页。

权的尊重和保障使司法在现代化的道路上走向了文明。”[1]

司法文明作为法治文明的重要组成部分和基本标志，还有如下论据：一是在“世界法治指数”（WJP）中，“司法”（justice）被界定为“由称职、守德和独立的代表及中立人士及时实现正义”。司法的这一特性被确定为法治的四个普遍原则之一。司法的一级指标和二级指标在“世界法治指数”中分别占了1/3和17/47（36%）的比重。[2] 二是十八届四中全会《决定》指出：“公正是法治的生命线。司法公正对社会公正具有重要引领作用，司法不公对社会公正具有致命破坏作用。”“司法”和“法治”在该决定中分别出现73次和111次。

二、司法文明指数

指数（Index）是一种有效的评价工具。在社会学中，通过反映社会生活状态或质量的社会指标（social indicator），可以对某一社会现象进行评估，如犯罪率、婴儿死亡率等。[3] 运用指数可对复杂的社会现象进行整体评价，并可分析各种构成因素的影响程度，如测定不能直接相加和对比的社会现象总动态；分析社会现象总变动中各种因素变动的影响程度；研究总平均指标变动中各组标志水平和总体结构变动的作用。[4] 例如，“世界法治指数”对各国法治状况进行监测，得出关于法治的一系列综合指标，用于评估各国在实践中坚守法治的程度。[5]

司法文明指数作为一种法治评估工具，通过对全国各省、自治区、直辖市司法实践的实际测量，具有如下特点和功能：

（一）主要特点

第一，综合性。该指数试图显示全国各地司法文明建设的全景或全貌。

第二，独立性。该指数调查结果完全来源于“司法文明指数项目”每年独立收集的新数据。这与目前国内一些地区的司法机关仅依据自我搜集或委托收集的数据来编制评估报告的做法形成了鲜明对照。

第三，实践性。该指数试图通过考察实际的司法运作，来衡量全国各地司法机关在司法实践中对法治的坚守。

第四，亲历性。该指数综合了全国各地普通民众和法律职业群体严谨的投票意见，确保了调查结果反映被调查者亲身经历的情况和直接感受。

第五，可鉴性。该指数调查结果在分解表和雷达图中，显示出各地司法文明10个一级指标、32个二级指标的强项和弱项，可为解决各地司法文明建设中的具体问题提供可资借鉴的“镜子”。

（二）主要功能

第一，为法治建设提供一种量化评估工具。司法是法治的核心内容，公正司法是法治的生命

[1] 张文显：“人权保障与司法文明”，载《中国法律评论》2014年第2期，卷首语。
[2] The World Justice Project, *WJP Rule of Law Index 2015*, Washington D. C.: The World Justice Project, p. 9.
[3] [美] 艾尔·巴比：《社会研究方法》（第10版），邱泽奇译，华夏出版社2005年版，第353页。
[4] 参见百度百科“指数”，http://baike.baidu.com/view/194477.htm，访问日期：2014年12月13日。
[5] Agrast, M. et al., *WJP Rule of Law Index 2012-2013*, Washington D. C.: The World Justice Project, p. 3.

线。司法文明指数期冀在“保证公正司法，提高司法公信力”方面发挥积极作用，以提升中国在“世界法治指数”中的排名。

第二，为司法文明建设提供一面“镜子”。本指数通过追踪各省、自治区、直辖市司法文明的现实“水平”，可为司法机关、社会组织和普通民众提供独立可靠的信息，反映全国各地在司法实践中对法治的坚守在司法文明建设的10个一级指标和32个二级指标上的强项和弱项，为各地有针对性地加强司法文明建设提供实证数据。

第三，体现人民群众对司法的满意度。司法文明指数综合了普通民众和法律职业群体严谨的答卷意见，反映了其对本地司法现状的亲身感受。这种群众满意度是评价“公正司法”和“司法公信力”的最高标准。

第四，描述随时间变化的司法文明进步轨迹。通过一定周期的数据记录比较，司法文明指数可以描述各省、自治区、直辖市司法文明建设的历年进步轨迹。

三、司法文明指数与法治指数的关系

“法治作为人类文明的构成元素之一，其所表征的乃是人类共同的生活经验与生活理想，因此也就具有人类主体、世界空间与古今延续的普适性。因此，在我们探索实践中的法治指数的过程中，最为核心和艰难的任务就是要加强对世界法治文明的发展规律与真实境况的研究，加强对中国政治文化传统和法律文化传统的真切研究。”〔1〕

（一）司法文明指数与国内法治指数的关系

目前中国各地已开展了一些法治评估，如四川法治指数、昆明法治指数、余杭法治指数等，无疑为法治建设积累了一定经验。但是，这些法治评估都存在着评估主体缺乏中立性、指标体系缺乏普适性的问题。例如，余杭法治指数的9个一级指标均来源于区委文件，〔2〕而且缺少“约束政府权力”、“腐败遏制”和“基本权利”等重要的法治指标。〔3〕考虑到省、自治区、直辖市只是中华人民共和国的一级行政区域，〔4〕客观上存在着法治要素不全的问题，如缺少宪法基本权利等法治要素，若进行法治整体评估会遇到无法克服的困难，因此，选取法治指数的若干一级指标，如法治政府、司法文明等进行专项评估，也许是一个可行途径。

从法治专项评估的角度看，司法文明指数属于一种司法公信力专项评估，它旨在测量现实的司法公信力，提升未来的司法公信力。司法公信力是指“社会公众和当事人对司法的认同程度与信服程度，包括他们对司法判断准确性的信任、对司法裁决公正性的认同，以及对司法执行包括强制执行的支持等”〔5〕。十八届四中全会《决定》把“保证公正司法，提高司法公信力”作为全面推进依法治国的六大任务之一，在此标题下关于“完善确保依法独立公正行使审判权和检察权的制度”、

---

〔1〕姚建宗：“法治指数设计的思想维度”，载《光明日报》2013年4月9日，第11版。

〔2〕参见钱弘道：“2011年余杭法治指数报告”，载《中国司法》2012年第11期。“法治余杭”的9个目标来源于2006年2月23日《中共杭州市余杭区委关于建设“法治余杭”的意见》，转引自钱弘道：“余杭法治指数的实验”，载《中国司法》2008年第9期。

〔3〕张保生、郑飞：“世界法治指数对中国法治评估的借鉴意义”，载《法制与社会发展》2013年第6期。

〔4〕《宪法》第30条规定：“中华人民共和国的行政区域划分如下：①全国分为省、自治区、直辖市……”

〔5〕陈光中、龙宗智：“关于深化司法改革若干问题的思考”，载《中国法学》2013年第4期。

“优化司法职权配置”、“推进严格司法”、“保障人民群众参与司法”、“加强人权司法保障”、“加强对司法活动的监督”这六个方面，则是提高司法公信力的途径，也是进一步加强司法文明建设的途径。

（二）司法文明指数与世界法治指数的关系

第一，司法文明指数主要受到“世界法治指数”6份年度报告（2010，2011，2012-2013，2014，2015，2016）的启发。“世界法治指数”量化了法治理念，这促使我们思考，也可以量化司法文明概念！不仅如此，司法文明指数的整体设计也参考了“世界法治指数”将抽象法治概念具体化为若干一级、二级指标并转化为问卷题目的体系结构。“世界法治指数2016”的9个维度（一级指标）是：①约束政府权力；②腐败遏制；③开放政府；④基本权利；⑤秩序和安全；⑥监管执法；⑦民事司法；⑧刑事司法；⑨非正式司法。[1] 其中，司法的一级指标占了1/3的比重，司法二级指标的比重为17/45，这体现了司法文明在法治文明中的分量。

第二，司法文明指数二级指标的设计，参考了“世界法治指数2016”年度报告中“指标7：民事司法”和“指标8：刑事司法”的如下二级指标：

指标7　民事司法

7.1　人民享有民事司法并能承受其费用
7.2　民事司法不受歧视
7.3　民事司法远离腐败
7.4　民事司法不受不适当的政府干预
7.5　民事司法不受不合理的拖延
7.6　民事司法得到有效执行
7.7　非诉讼纠纷解决机制的享有及公正有效

指标8　刑事司法

8.1　犯罪调查制度有效
8.2　刑事裁判制度及时有效
8.3　矫正制度有效减少犯罪行为
8.4　刑事司法制度具有公正性
8.5　刑事司法制度远离腐败
8.6　刑事司法制度不受不适当的政府干预
8.7　法律正当程序和被告人权利

[1] The World Justice Project, *WJP Rule of Law Index 2016*, Washington D. C.: The World Justice Project, p. 13.

第二章　司法文明指数设置

一、司法文明指标体系

在“中国司法文明指数”2016年评估的基础上，2017年评估办法对指标体系、问卷设计、调查方法等作了如下改进：

- 在保留四年指数评估10个一级指标的同时，对其标题（内容）作了微调；
- 二级指标在从最初50个（2014年）减至36个（2015年）又减至32个（2016年）的基础上，2017年二级指标稳定在32个，但有2个二级指标从原来的一级指标9移入一级指标1；
- 问卷题目从最初97个（2014年）减至74个（2015年）又减至70个（2016年），2017年则进一步减少到64个；
- 各类群体中用于指标算分的变量总数从最初的194个（2014年）减至95个（2015年）又减至91个（2016年），2017年继续减至84个。

参见图1：司法文明指标体系结构图（2017年）。

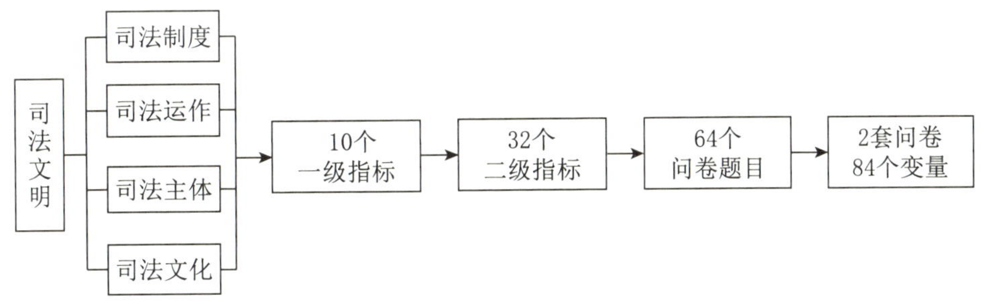

图1　司法文明指标体系结构图（2017年）

司法文明指数试图通过对全国各地司法文明现状的动态监测，从普通人的视角，调查和评估可能影响人民群众日常生活和诉讼活动的司法文明现状。例如，司法权力在一个地区是否依法、独立、公正行使？当事人是否享有必需的诉讼权利？民事诉讼和行政诉讼是否得到及时受理并符合公正等要求？刑事司法程序是否及时、公正、有效？证据裁判原则能否得到贯彻？警察、检察官和法官是否远离腐败，人民群众对这三个群体的总体满意程度如何？公众参与和诉诸司法的意识和程度如何？公众接受司法裁判和现代刑罚理念的意识和程度有多高？这一系列展现司法文明程度的综合指标，以直接调查数据（各省、自治区、直辖市随机抽样的800份问卷对司法文明32个二级指标的评分）为基础，以直观图形显示的方式提供了有价值的信息，反映了人民群众对本地司法文明发展水平的满意度。

司法文明指标体系由如下10个一级指标、32个二级指标组成，2017年指标修改情况与2016年指标的对照详见下表：

表1　司法文明指标体系2017年指标和2016年指标对照表

2016年指标	2017年指标
指标1　司法权力	指标1　司法权力
1.1　司法权力依法行使	1.1　司法权力依法行使
1.2　司法权力独立行使	1.2　司法权力独立行使
1.3　司法权力公正行使	1.3　司法权力公正行使
	1.4　司法权力主体受到信任与认同
	1.5　司法裁判受到信任与认同
指标2　当事人诉讼权利	指标2　当事人诉讼权利
2.1　当事人享有不被强迫自证其罪的权利	2.1　当事人享有不被强迫自证其罪的权利
2.2　当事人享有获得辩护、代理的权利	2.2　当事人享有获得辩护、代理的权利
2.3　当事人享有质证权利	2.3　当事人享有证据性权利
2.4　当事人享有获得救济的权利	2.4　当事人享有获得救济的权利
指标3　民事司法程序	指标3　民事司法程序
3.1　民事审判符合公正要求	3.1　民事审判符合公正要求
3.2　民事诉讼中的调解自愿、合法	3.2　民事诉讼中的调解自愿、合法
3.3　民事诉讼裁判得到有效执行	3.3　民事诉讼裁判得到有效执行
指标4　刑事司法程序	指标4　刑事司法程序
4.1　侦查措施及时合法	4.1　侦查措施及时合法
4.2　审查起诉公正有效	4.2　审查起诉公正有效
4.3　刑事审判公正及时有效	4.3　刑事审判公正及时有效
指标5　行政司法程序	指标5　行政司法程序
5.1　行政审判符合公正要求	5.1　行政审判符合公正要求
5.2　行政诉讼裁判得到有效执行	5.2　行政诉讼裁判得到有效执行
指标6　证据制度	指标6　证据制度
6.1　证据裁判原则得到贯彻	6.1　证据裁判原则得到贯彻
6.2　证据依法得到采纳与排除	6.2　证据依法得到采纳与排除
6.3　证明过程得到合理规范	6.3　证明过程得到合理规范
指标7　司法腐败遏制	指标7　司法腐败遏制
7.1　警察远离腐败	7.1　警察远离腐败
7.2　检察官远离腐败	7.2　检察官远离腐败

续表

2016 年指标	2017 年指标
7.3　法官远离腐败	7.3　法官远离腐败
指标 8　法律职业化	指标 8　法律职业化
8.1　法律职业人员获得职业培训	8.1　法律职业人员获得职业培训
8.2　法律职业人员遵守职业伦理规范	8.2　法律职业人员遵守职业伦理规范
8.3　法律职业人员享有职业保障	8.3　法律职业人员享有职业保障
指标 9　司法公开与司法公信力	指标 9　司法公开
9.1　司法过程依法公开	9.1　司法过程依法公开
9.2　裁判结果依法公开	9.2　裁判结果依法公开
9.3　司法权力主体受到信任与认同	
9.4　司法裁判受到信任与认同	
指标 10　司法文化	指标 10　司法文化
10.1　公众参与司法的意识及程度	10.1　公众参与司法的意识及程度
10.2　公众诉诸司法的意识及程度	10.2　公众诉诸司法的意识及程度
10.3　公众接受司法裁判的意识及程度	10.3　公众接受司法裁判的意识及程度
10.4　公众接受现代刑罚理念的意识及程度	10.4　公众接受现代刑罚理念的意识及程度

二、司法文明的 4 个领域

（一）司法制度

在中国，司法制度一般是指“司法机关的组织制度以及司法机关与其他相关机关、组织依法进行或者参与诉讼的活动制度的总称，主要包括审判制度、检察制度、侦查制度以及律师制度”[1]。虽然我国司法机关仅包括审判机关和检察机关，但诉讼不仅是指法院审判、检察院公诉和法律监督，还包括律师辩护活动和侦查机关的侦查活动。因此，可以将司法制度分为司法组织制度和司法程序制度。前者涉及司法机关在国家法律体系中的性质、地位，司法机关的组织、编制、职权等；后者主要指诉讼制度，以及司法机关和相关组织依法定程序，适用实体法、程序法、证据法，处理诉讼案件或者非讼事件所应遵循的准则、程序和制度的总和。十八届四中全会《决定》以“保证公正司法，提高司法公信力”为目标，对司法制度的建设和改革提出了一系列完善国家司法制度的重要举措：“完善确保依法独立公正行使审判权和检察权的制度”；“完善司法体制，推动实行审判权和执行权相分离的体制改革试点”；“改革司法机关人财物管理体制，探索实行法院、检察院司法行政事务管理权和审判权、检察权相分离”。

（二）司法运作

司法运作是指“诉讼的常规的、有序的运行程序，包括从诉讼开始到诉讼结束期间所发生的所

〔1〕陈光中等：《中国司法制度的基础理论问题研究》，经济科学出版社 2010 年版，第 17 页。

有行为及事项"[1]。司法运作是一个动态过程，由一系列相互衔接且各自独立的程序组成。[2] 例如，刑事诉讼一般分为侦查、起诉、审判三大程序。不同文化背景的国家，其司法运作机制不尽相同。例如，"在职权主义国家，刑事诉讼程序基本上类似于一项官方调查，大部分程序活动是由官员们来推进的。而在当事人主义国家，刑事诉讼程序的原型是一场竞赛或纠纷，诉讼双方在一位相对被动的裁判者面前展开竞争，双方当事人主导着大部分的程序性活动"[3]。十八届四中全会《决定》提出的"优化司法职权配置"、"推进严格司法"、"推进以审判为中心的诉讼制度改革"，都是促进公正司法运作的重要举措。

（三）司法主体

司法主体是指负责司法权行使的国家机关和个人。我国司法权行使的机关是法院和检察院。《宪法》第123条规定："中华人民共和国人民法院是国家的审判机关。"第126条规定："人民法院依照法律规定独立行使审判权，不受行政机关、社会团体和个人的干涉。"第129条规定："中华人民共和国人民检察院是国家的法律监督机关。"第131条规定："人民检察院依照法律规定独立行使检察权，不受行政机关、社会团体和个人的干涉。"根据上述规定，只有法院和检察院可以代表国家行使司法权，其他任何机关不得行使司法权。

"司法主体"还可分为"司法权主体"和"司法活动主体"。法院、检察院既是司法权主体，也是司法活动主体。法官、检察官是司法活动主体，即"司法权和司法活动行使主体"，但不是司法权主体。[4]

（四）司法文化

司法文化是法律文化的结晶。法律文化是指"在一定社会物质生活条件起决定作用的基础上，国家政权所创制的法律规范、法律制度，以及人们关于法律现象的态度、价值、信念、心理、感情、习惯及理论学说的复合有机体"[5]。司法文化作为法律文化的一个组成部分，可被表述为"在长期的司法活动中逐步形成的一种法律文化形态，主要包括价值观念、思维模式、行为准则、制度规范等表现形式"[6]。

司法文化是人类司法活动中经验智慧的积淀。作为司法文明的外在表现形式，司法文化既有稳定性又有变动性，并呈现出不断进步的趋势。例如，汉高祖刘邦约法三章（"杀人者死，伤人及盗抵罪"）[7] 中"杀人偿命"的刑罚理念持续了上千年，在现代却受到诸如"恢复性司法"[8] 等新刑罚理念的挑战。又如，《宋刑统》中"不肯实供者，则采取拷掠以取得口供"的规定，[9] 受

---

[1] Bryan A. Garner Editor in Chief, *Black's Law Dictionary* (Ninth Edition), West Publishing Co., 2009, p. 1324.

[2] 参见卞建林等：《中国司法制度基础理论研究》，中国人民公安大学出版社2013年版，第95页。

[3] [美] 米尔伊安·R. 达玛什卡：《司法和国家权力的多种面孔——比较视野中的法律程序》，郑戈译，中国政法大学出版社2004年版，第5页。

[4] 刘作翔："司法权属性探析"，载《法制日报》2002年9月22日。

[5] 张文显主编：《法理学》（第4版），高等教育出版社、北京大学出版社2011年版，第325页。

[6] 刘作翔："作为对象化的法律文化——法律文化的释义之一"，载《法商研究》1998年第4期。

[7] 《史记·高祖本纪》。

[8] 恢复性司法主张摒弃消极的仅仅为惩罚而惩罚的做法，而转向建立一种更加积极的司法方法。参见王平主编：《恢复性司法论坛》（2005年卷），群众出版社2005年版，卷首语第1页。

[9] 张晋藩：《中华法制文明的演进》（修订版），法律出版社2010年版，第543页。

到现代人权司法保障理论的批判。因此，司法文化虽然形成于一定的司法制度并受其制约，但又对司法实践具有塑造作用，它本身也是可改造的。司法理念更新总是司法制度变革的先声，先进司法文化的培育及其为司法主体所接受，往往成为司法文明进步的重要动力。

三、司法文明指数一级指标

（一）司法权力

司法权本质上是一种裁判权，但在不同法律体制下其内容有所不同。在普通法体系中，司法权指“法律授予法院和法官通过听审作出有约束力的裁判的权力。这是一种在争端出现时，由法官在事实认定基础上解释并运用法律的权力”[1]。在我国，《宪法》规定了司法权的主体为法院和检察院，司法权力既包括审判权，也包括检察权。根据《刑事诉讼法》的规定，公安机关的侦查权也与司法权力具有密切联系。

联合国《公民权利和政治权利国际公约》第14条第1款规定：“在判定对任何人提出的任何刑事指控或确定他在一件诉讼案中的权利和义务时，人人有资格由一个依法设立的合格的、独立的和无偏倚的法庭进行公正的和公开的审讯。”就司法权力而言的司法文明建设，重在五个方面：一是依法设立，并依法予以限制，明确“法无授权不可为”；二是独立行使、不偏不倚，“完善确保依法独立公正行使审判权和检察权的制度”；三是公正、公开，“保证公正司法，提高司法公信力”；四是行使司法权力的主体获得公众的信任与认同；五是行使司法权力的主体作出的裁判获得公众的信任与认同。

（二）当事人诉讼权利

诉讼权利“来自于法律程序或者行政程序，其有助于保护或者实施公民的实体性权利”[2]。联合国《公民权利和政治权利国际公约》规定了司法活动尤其是刑事司法活动中当事人享有的诉讼权利，包括“权利平等原则，司法补救，生命权的程序保障，禁止酷刑或施以残忍的、不人道或侮辱性的待遇或刑罚，人身自由和安全的程序保障，对所有被剥夺自由的人应给予人道或尊重人格尊严的待遇，审判独立、公正、公开，无罪推定，辩护权、获得法律援助权，反对强迫自证其罪，复审权，刑事赔偿，一事不再审等”[3]。

对于当事人诉讼权利，应贯彻十八届四中全会《决定》“加强人权司法保障”的要求：①“强化诉讼过程中当事人和其他诉讼参与人的知情权、陈述权、辩护辩论权、申请权、申诉权的制度保障。健全落实罪刑法定、疑罪从无、非法证据排除等法律原则的法律制度。完善对限制人身自由司法措施和侦查手段的司法监督，加强对刑讯逼供和非法取证的源头预防，健全冤假错案有效防范、及时纠正机制。”②“对人民法院依法应该受理的案件，做到有案必立、有诉必理，保障当事人诉权。”③“切实解决执行难，……依法保障胜诉当事人及时实现权益。”④“落实终审和诉讼终结制度，实行诉访分离，保障当事人依法行使申诉权利。”⑤“完善对涉及公民人身、财产权益的行

[1] Bryan A. Garner Editor in Chief, *Black's Law Dictionary* (Eighth Edition), West Publishing Co., 2004, p. 2478.

[2] Bryan A. Garner Editor in Chief, *Black's Law Dictionary* (Eighth Edition), West Publishing Co., 2004, p. 4122.

[3] 陈光中主编:《刑事诉讼法》(第5版)，北京大学出版社、高等教育出版社2013年版，第513~521页。

政强制措施实行司法监督制度。”

（三）民事司法程序

司法程序是指“任何旨在根据法律或衡平法得出一项命令或判决的程序”[1]。司法程序等同于广义诉讼程序，即“一方起诉另一方要求行使或保护权利、纠正或阻止错误行为，或者惩罚公共犯罪所适用的程序。……更准确地说，诉讼被定义为任何司法程序，它如果进行到最后将得出一个裁判或判决”[2]。

民事司法程序即民事诉讼程序，“是指民事争议的当事人向人民法院提出诉讼请求，人民法院在双方当事人和其他诉讼参与人的参加下，依法审理和裁判民事争议的程序和制度”[3]。日本学者谷口安平认为，民事诉讼的目的在于“实现个人权利或维护实体私法体系”并“解决纠纷”，它包含正当性、公正性、迅速性和经济效率等诸多价值。[4] 江伟教授认为，民事诉讼既包括实体性目的也包括程序性目的，“实体性目的包括保护实体权利和维护法律秩序等，程序性目的则主要是指为当事人提供程序保障，保护当事人的程序权利和程序利益。”[5]《民事诉讼法》第2条规定了民事诉讼的任务是：“保护当事人行使诉讼权利，保证人民法院查明事实，分清是非，正确适用法律，及时审理民事案件，确认民事权利义务关系，制裁民事违法行为，保护当事人的合法权益，教育公民自觉遵守法律，维护社会秩序、经济秩序，保障社会主义建设事业顺利进行。”

（四）刑事司法程序

刑事司法程序的核心是刑事诉讼程序，即国家司法机关在当事人及其他诉讼参与人的参加下，依照法律规定的程序，解决被追诉人刑事责任的活动。从本质上看，刑事诉讼“属于国家的司法活动”[6]，其目的是“保证刑法的正确实施”。为此，应当坚持以庭审为中心，充分发挥庭审功能，全面提高庭审质量。[7]

十八届四中全会《决定》对完善刑事司法程序提出如下要求：①“加强人权司法保障”，“健全落实罪刑法定、疑罪从无、非法证据排除等法律原则的法律制度。完善对限制人身自由司法措施和侦查手段的司法监督，加强对刑讯逼供和非法取证的源头预防，健全冤假错案有效防范、及时纠正机制。”②“推进以审判为中心的诉讼制度改革，确保侦查、审查起诉的案件事实证据经得起法律的检验。全面贯彻证据裁判规则，严格依法收集、固定、保存、审查、运用证据，完善证人、鉴定人出庭制度，保证庭审在查明事实、认定证据、保护诉权、公正裁判中发挥决定性作用。”

（五）行政司法程序

行政司法程序即行政诉讼程序，是“以诉讼的方式解决行政争议的制度的总称”[8]。行政诉讼

---

[1] Bryan A. Garner Editor in Chief, *Black's Law Dictionary* (Eighth Edition), West Publishing Co., 2004, p. 1241.

[2] Bryan A. Garner Editor in Chief, *Black's Law Dictionary* (Eighth Edition), West Publishing Co., 2004, p. 31.

[3] 张卫平：《民事诉讼法》（第3版），法律出版社2013年版，第5页。

[4] [日]谷口安平：《程序的正义与诉讼》，王亚新、刘荣军译，中国政法大学出版社1996年版，第40~53页。

[5] 江伟、刘学在：“中国民事诉讼理论体系的阐释与重塑”，载樊崇义主编：《诉讼法学研究》（第5卷），中国检察出版社2003年版，第88页。

[6] 陈光中主编：《刑事诉讼法》（第5版），北京大学出版社、高等教育出版社2013年版，第1页。

[7] 沈德咏：“刑事司法程序改革发展的基本方向”，载《人民法院报》2014年10月24日。

[8] 翁岳生编：《行政法》，中国法制出版社2002年版，第1311页。

程序的功能在于，针对行政行为侵犯个人合法权益的情况提供终局、权威的救济途径。“在我国，行政诉讼是指行政相对人与行政主体在行政法律关系领域发生纠纷后，依法向人民法院提起诉讼，人民法院依法定程序审查行政主体的行政行为的合法性，并判断相对人的主张是否妥当，以作出裁判的一种活动。”[1]

“当事人在行政诉讼中的法律地位是平等的，当事人有平等的诉讼权利和诉讼义务。”[2]《行政诉讼法》第1条规定行政诉讼法的目的是：“为保证人民法院公正、及时审理行政案件，解决行政争议，保护公民、法人和其他组织的合法权益，监督行政机关依法行使行政职权”。行政司法程序的功能包括：①“纠正行政机关在执法阶段的违法行为，平衡执法阶段行政机关与相对一方因明显不对等的法律地位造成的巨大反差”；②“通过对行政权的控制来实现对人权的保障”，这主要是通过对行政行为进行司法审查来实现的；③提供社会公正的功能，这“是通过行政诉讼程序本身公正和法院裁判公正来实现的”。[3]

十八届四中全会《决定》对行政司法提出的主要任务包括：①“强化对行政权力的制约和监督”；②“完善行政诉讼体制机制，合理调整行政诉讼案件管辖制度，切实解决行政诉讼立案难、审理难、执行难等突出问题”；③“完善对涉及公民人身、财产权益的行政强制措施实行司法监督制度”。

（六）证据制度

“证据制度是司法裁判过程中运用证据认定事实的法律制度，是证据规则和判例等有效性规范的总和。”[4] 证据制度作为司法文明的重要标志，经历了古代神示证据制度、中世纪法定证据制度和近现代自由心证证据制度三个大的历史阶段。现代证据制度是法治的基石。“惟在法治社会之定分止争，首以证据为正义之基础，……认定事实，每为适用法律之前提。因而产生各种证据法则，遂为认事用法之所本。”[5] 审判过程分为事实认定和法律适用两个阶段，准确认定事实是正确适用法律的前提，也是实现司法公正的前提。证据法作为规制事实认定的法律规范，具有促进事实真相发现和维护重要社会价值的功能。我国证据制度的发育目前还不够健全，不仅证据规则缺乏理论体系，在司法实践中法官、检察官、律师和警察的证据意识也比较淡薄。因此，从完善证据制度入手加强司法文明建设，是提高司法公信力的重要途径。

（七）司法腐败遏制

腐败作为人类文明之大敌，其突出特征是“滥用公职以谋取私人收益”[6]。《联合国反腐败公约》第8条（“公职人员行为守则”）第1款明确规定，各缔约国应“根据本国法律制度的基本原则，在本国公职人员中特别提倡廉正、诚实和尽责”。司法腐败作为公权力腐败的一种表现形式，主要是指司法官员滥用司法权力以谋取私人收益。与其他形式的腐败相比，司法腐败“杜绝了人民

---

〔1〕 姜明安主编：《行政法与行政诉讼法》（第2版），北京大学出版社、高等教育出版社2005年版，第444页。

〔2〕 姜明安主编：《行政法与行政诉讼法》（第2版），北京大学出版社、高等教育出版社2005年版，第456页。

〔3〕 姜明安主编：《行政法与行政诉讼法》（第2版），北京大学出版社、高等教育出版社2005年版，第446~447页。

〔4〕 张保生主编：《证据法学》（第2版），中国政法大学出版社2014年版，第48页。

〔5〕 李学灯：《证据法比较研究》，五南图书出版公司1992年版，序。

〔6〕 Poverty Reduction and Economic Management, The World Bank, *Helping Countries Combat Corruption: The Role of the World Bank*, September 1997, p. 8.

的权利与自由受侵犯时的最终救济手段，冤无处申，理无处讲，社会完全丧失对国家、政府、对党的信任感与凝聚力，人心背离，社会动荡”[1]。如培根所言，司法腐败的危害性在于它“把水源败坏了”[2]。故一个国家或地区遏制司法腐败的程度及效果，直接反映了其司法系统有序运行的可能及限度，是司法文明的重要指标。中国正处于社会转型时期，司法腐败已成为社会各界关注的焦点，它对司法公信力具有直接破坏作用。因此，十八届四中全会《决定》针对“群众对执法司法不公和腐败问题反映强烈”的问题提出明确要求：“对司法领域的腐败零容忍，坚决清除害群之马”。

（八）法律职业化

司法是一项专门性活动，司法公正的实现离不开高素质的法律职业群体，而该群体的职业化则是高素质法律职业群体成长的途径。波斯纳说：“职业的标志是这样一种信念，即这是一个相当有公共意义的工作岗位，从事这一工作要求有非常高的专业的甚至是深奥的知识，这种知识只有通过专门的正式教育或某种精细监管的学徒制才能够获得。”[3] 所谓职业化，就是指通过一系列职业生产、准入和训练等举措来控制行业队伍从而实现这一职业目标的过程。[4]

法律职业化可分为三个方面：①职业训练，这是职业人员高素质养成的基本手段，包括职业准入之前和之后训练的规范化，以保持和提升职业人员的整体素质；②遵守职业伦理规范，这是法律职业群体特别是司法权力主体具有高素质和良好形象的基本保障，通过制定司法行为准则或职业伦理规范以及相应的惩戒措施，以及法律职业人员的自律和自治，来实现对司法职业“产品”质量和职业形象的有效控制；③职业保障措施的完善，这有助于保障法律职业队伍的稳定和相对自主性。

十八届四中全会《决定》在法律职业化及其保障方面提出的措施包括：①“推进法治专门队伍正规化、专业化、职业化，提高职业素养和专业水平。完善法律职业准入制度，健全国家统一法律职业资格考试制度，建立法律职业人员统一职前培训制度。”②“建立从符合条件的律师、法学专家中招录立法工作者、法官、检察官制度，畅通具备条件的军队转业干部进入法治专门队伍的通道，健全从政法专业毕业生中招录人才的规范便捷机制。”③“加快建立符合职业特点的法治工作人员管理制度，完善职业保障体系，建立法官、检察官、人民警察专业职务序列及工资制度。”④“建立法官、检察官逐级遴选制度。初任法官、检察官由高级人民法院、省级人民检察院统一招录，一律在基层法院、检察院任职。上级人民法院、人民检察院的法官、检察官一般从下一级人民法院、人民检察院的优秀法官、检察官中遴选。”⑤“建立健全司法人员履行法定职责保护机制。非因法定事由，非经法定程序，不得将法官、检察官调离、辞退或者作出免职、降级等处分。”

（九）司法公开

法谚云：“正义不仅应得到实现，而且应以看得见的方式实现”。以看得见的方式实现正义，即司法机关应将司法活动的过程和结果向社会公开。根据最高人民法院《关于司法公开的六项规定》，

---

[1] 郭道晖：“实行司法独立与遏制司法腐败”，载《法律科学》1999 年第 1 期。
[2] [英] 培根：“论司法”，载《培根论说文集》，水天同译，商务印书馆 1983 年版，第 193 页。
[3] [美] 理查德·A. 波斯纳：《道德与法律理论的疑问》，苏力译，中国政法大学出版社 2001 年版，第 216~217 页。
[4] [美] 理查德·L. 埃贝尔：《美国律师》，张元元、张国峰译，中国政法大学出版社 2009 年版，第 24~25 页。

司法公开包括六项内容：立案公开、庭审公开、执行公开、听证公开、文书公开和审务公开。[1] 由此可以看出，司法公开不仅是结果依法公开，更要求过程依法公开，这样才能实现“看得见的正义”。

司法公开或透明度增强具有两个功能：一是可使司法权力在阳光下运行，有效地防止司法腐败；二是可使司法机关更好地接受公众监督，有效地消除公众对司法的质疑，最终赢得公众对司法的信任和认同。最高人民法院2015年《中国法院的司法公开》白皮书指出：“司法公开是促进司法公正、保障司法廉洁、提升司法水平的重要手段，是落实宪法法律原则、保障公民诉讼权利、展示现代法治文明的题中之义，是全面推进依法治国、加快建设法治中国的必然要求。”[2]

十八届四中全会《决定》明确提出：“构建开放、动态、透明、便民的阳光司法机制，推进审判公开、检务公开、警务公开、狱务公开，依法及时公开执法司法依据、程序、流程、结果和生效法律文书，杜绝暗箱操作。加强法律文书释法说理，建立生效法律文书统一上网和公开查询制度。”

（十）司法文化

如前所述，司法文化是人类司法文明的历史积淀，是社会法律文化的有机组成部分。在不同历史时期和社会制度中，司法文化都反映了公众对司法制度及其司法公信力的认识、评价和期待。这种认识、评价和期待在为司法体制运行提供社会环境和文化观念的同时，又反过来影响司法效力和司法制度的进步。

司法文化有多个层面，它可以指司法机关的法律文化，比如“人民法院在长期审判实践和管理活动中逐步形成的共同的价值观念、行为方式、制度规范以及相关物质表现的总称，是中国特色社会主义先进文化的重要组成部分，是社会主义法治文化的重要内容”[3]。从另一个层面看，司法文化更是人民群众的法律文化，例如，公众对参与司法的态度，公众诉诸司法的意识和程度，公众对司法裁判的接受程度，公众对现代刑罚理念的接受程度，等等。可以说，司法文化是一个国家司法文明的显示器，它以无形的力量深刻影响着司法制度和司法实践的发展，也对司法公信力起着重要的支撑作用。随着人类司法文明的不断发展，司法文化也在不断变动更新，成为我们进行法治建设和司法改革的重要推动力量或制约因素。因此，法治文明和司法文明建设都离不开理性司法文化的基础培育。

四、司法文明指数二级指标

指标1　司法权力

1.1　司法权力依法行使

司法权力依法行使，是指法定的司法权行使主体依照法律赋予的职权和法定程序行使权力；一旦在行使司法权力的过程中出现违法行为，就应承担相应的法律后果，这是公法领域合法性原则的

〔1〕《最高人民法院印发〈关于司法公开的六项规定〉和〈关于人民法院接受新闻媒体舆论监督的若干规定〉的通知》，法发〔2009〕58号。

〔2〕最高人民法院：《中国法院的司法公开》，人民法院出版社2015年版，第1页。

〔3〕最高人民法院《关于进一步加强人民法院文化建设的意见》，法发〔2010〕31号。

具体体现。依法行使权力是对司法权行使主体的有效制约，其目的是防止司法权滥用、保障当事人和其他诉讼参与人的基本权利。从司法权力依法行使的要求来说，法律应当对司法权行使主体、范围、程序、方式，以及违法行使权力的后果等问题作出明确规定。

司法权力依法行使，在我国主要体现为《宪法》、《人民法院组织法》、《人民检察院组织法》以及三大诉讼法中关于“人民法院依照法律规定独立行使审判权”、“人民检察院依照法律规定独立行使检察权”的规定，遵循“法无授权不可为”的原则，防止司法权的滥用。十八届四中全会《决定》强调人民法院、人民检察院依法行使审判权、检察权的制度性要求包括：①完善主审法官、合议庭、主任检察官、主办侦查员办案责任制，落实谁办案谁负责。②明确各类司法人员工作职责、工作流程、工作标准，实行办案质量终身负责制和错案责任倒查问责制。③依法规范司法人员与当事人、律师、特殊关系人、中介组织的接触、交往行为。严禁司法人员私下接触当事人及律师、泄露或者为其打探案情、接受吃请或者收受其财物、为律师介绍代理和辩护业务等违法违纪行为，坚决惩治司法掮客行为，防止利益输送。

1.2 司法权力独立行使

根据联合国《关于司法机关独立的基本原则》第 1、2、4 条的规定，司法权独立行使的含义包括：①“各国应保证司法机关的独立，并将此项原则正式载入其本国的宪法或法律之中。尊重并遵守司法机关的独立，是各国政府机构及其他机构的职责。”②“司法机关应不偏不倚、以事实为根据并依法律规定来裁决其所受理的案件，而不应有任何约束，也不应为任何直接间接不当影响、怂恿、压力、威胁或干涉所左右，不论其来自何方或出于何种理由。”③“不应对司法程序进行任何不适当或无根据的干涉；法院作出的司法裁决也不应加以修改。此项原则不影响由有关当局根据法律对司法机关的判决所进行的司法检查或采取的减罪或减刑措施。”

司法权力独立行使，在我国主要体现为《宪法》、《人民法院组织法》、《人民检察院组织法》以及三大诉讼法中的规定：“人民法院依照法律规定独立行使审判权”，“人民检察院依照法律规定独立行使检察权”，“不受行政机关、社会团体和个人的干涉”。其中，审判权独立行使是司法权力独立行使的核心内容，它旨在确保法院审判权的公正行使，防止法官的审判过程和结果受到来自其他权力主体或外界力量的干涉和影响。为了确保法官独立行使司法裁判权，必须建立必要的保障机制，包括法院的外部独立、法院的内部独立、法官的身份独立、法官的职业特权，以及法官的职业伦理准则等。[1]

十八届四中全会《决定》对司法机关独立行使职权的要求包括：①各级党政机关和领导干部要支持法院、检察院依法独立公正行使职权。②建立领导干部干预司法活动、插手具体案件处理的记录、通报和责任追究制度。任何党政机关和领导干部都不得让司法机关做违反法定职责、有碍司法公正的事情，任何司法机关都不得执行党政机关和领导干部违法干预司法活动的要求。对干预司法机关办案的，给予党纪政纪处分；造成冤假错案或者其他严重后果的，依法追究刑事责任。③建立健全司法人员履行法定职责保护机制。非因法定事由，非经法定程序，不得将法官、检察官调离、辞退或者作出免职、降级等处分。④改革司法机关人财物管理体制，探索实行法院、检察院司法行政事务管理权和审判权、检察权相分离。⑤明确司法机关内部各层级权限，健全内部监督制约机制。司法机关内部人员不得违反规定干预其他人员正在办理的案件，建立司法机关内部人员过问案

〔1〕 陈光中主编：《刑事诉讼法》（第 5 版），北京大学出版社、高等教育出版社 2013 年版，第 97~98 页。

件的记录制度和责任追究制度。

1.3　司法权力公正行使

“正义是社会制度的首要价值。”[1] 联合国《关于司法机关独立的基本原则》第6条规定，“司法机关独立的原则授权并要求司法机关确保司法程序公平进行以及各当事方的权利得到尊重。”十八届四中全会《决定》指出：“公正是法治的生命线。司法公正对社会公正具有重要引领作用，司法不公对社会公正具有致命破坏作用。”

司法权力公正行使包括实体公正和程序公正。实体公正是指，司法机关的裁判具有事实和法律依据，定罪或归责准确，适用法律适当，作出公正的裁判；程序公正是指，三大诉讼程序的设置和运行符合程序正义的要求，能够保障当事人的合法权益，确保司法权力的行使受到合理制约。我国三大诉讼法中有一系列关于司法权力公正行使的规定。例如，《刑事诉讼法》第2条规定“保证准确、及时地查明犯罪事实，正确应用法律”是刑事诉讼法的任务，从实体公正的角度对司法权力的公正行使提出了要求；第14条关于“保障犯罪嫌疑人、被告人和其他诉讼参与人依法享有的辩护权和其他诉讼权利”的规定，则从保障当事人基本权利的角度，体现了程序公正要求。

十八届四中全会《决定》在“保证公正司法，提高司法公信力”的标题下，对司法权力公正行使提出了一系列要求：①完善确保依法独立公正行使审判权和检察权的制度；②优化司法职权配置；③推进严格司法；④保障人民群众参与司法；⑤加强人权司法保障；⑥加强对司法活动的监督。

1.4　司法权力主体受到信任与认同

司法权力主体受到信任与认同，是司法公信力的重要指征。严格说来，我国司法权力主体是指法官、检察官，但参与刑事诉讼取证的公安机关侦查人员也可包括在内。他们的整体形象、行为举止，都可影响司法权力主体受到公众信任与认同的程度。例如，“法官的品质左右人们对法律的感情。因此，法官的品质必须是世俗世界里最高尚的品质。法官的司法行为不仅是个案正义的判断行为，同时也是实现法律理念的意志行为。”[2] 司法权力主体要受到信任与认同，关键是要将公正作为自己的职业人格。例如，“当一个有权势的人与一个没有权势的人发生纠纷时，前者很自然地试图运用他的权势来影响纠纷的结果”，[3] 而法官、检察官不能成为权势的仆人或自己欲望的奴仆。“社会公众对当代中国法官形象的认知，将影响到其对法官职业活动的判断、评价，并会从对法官的印象上升到对司法的信念。因此，现代法官形象塑造不是一个简单的‘面子工程’，而是关系到法治建设成败与否、民众对司法信任程度的实实在在的大问题。”[4]

1.5　司法裁判受到信任与认同

司法裁判受到信任与认同包括两个方面：一是司法过程受到信任与认同，二是裁判结果受到信任与认同。

首先，司法过程受到信任与认同，主要是建立在司法过程符合程序公正的基础之上。如果法庭审判不符合程序公正，甚至公开“走过场”，就会导致证据不足、事实不清，不仅会侵害当事人的

---

〔1〕［美］约翰·罗尔斯：《正义论》，何怀宏、何包钢、廖申白译，中国社会科学出版社1988年版，第1页。

〔2〕江帆：“法治与法官”，载《南方周末》1998年12月11日，第5版。

〔3〕［美］理查德·A. 波斯纳：《法理学问题》，苏力译，中国政法大学出版社1994年版，第8页。

〔4〕胡道才：“当代中国法官形象塑造的四点建议”，载《人民法院报》2012年8月22日，第5版。

合法权益，影响案件的公正审判，更有损人民法院的司法公信力。十八届四中全会《决定》强调，“坚持以事实为根据、以法律为准绳，健全事实认定符合客观真相、办案结果符合实体公正、办案过程符合程序公正的法律制度。”

其次，裁判结果受到信任与认同，主要指裁判结果的可接受性。哈贝马斯指出：“凡是根据合法程序而获得法律效力的，就被当作法律——而且，尽管法律上存在着废止的可能性，它暂时是具有法律效力的。但是，要充分说明这种法律规则的意义，只有同时诉诸这样两个方面：一方面是社会或事实的有效性，即得到接受，另一方面是法律的合法性或规范有效性，即合理的可接受性。”〔1〕由此看来，司法裁判结果的可接受性，是一种基于正当理由的可接受性。提升裁判结果可接受性的路径包括三个方面：一是借由司法过程和裁判结果的公开来提升裁判结果的可接受性。二是通过增强司法过程的可接受性来促进裁判结果的可接受性。三是通过加强裁判文书的说理，包括事实认定的说理和法律适用的说理，来增强裁判结果的可接受性。十八届四中全会《决定》也强调，“加强法律文书释法说理”，以增强裁判结果的可接受性，“努力让人民群众在每一个司法案件中感受到公平正义。”

指标 2　当事人诉讼权利

2.1　当事人享有不被强迫自证其罪的权利

在刑事诉讼中，当事人享有不被强迫自证其罪的权利。联合国《公民权利和政治权利国际公约》第 14 条规定：“……三、在判定对他提出的任何刑事指控时，人人完全平等地有资格享受以下的最低限度的保证：……（庚）不被强迫作不利于他自己的证言或强迫承认犯罪。”世界上许多国家将不被强迫自证其罪作为一项宪法性权利加以规定，例如，美国《宪法》第五修正案规定：“任何人……不得被强迫在任何刑事诉讼中作为反对他自己的证人”；日本《宪法》第 38 条规定：“不得强制任何人作不利于本人的陈述”。

《刑事诉讼法》规定了“不得强迫任何人证实自己有罪”（第 50 条），还规定了保障该权利的若干具体制度，例如，保障被告人辩护权；对被羁押在看守所内的犯罪嫌疑人、被告人的讯问，应当在看守所内进行，保障犯罪嫌疑人和被告人供述的自愿性；确立了非法证据排除规则。但上述“不得强迫任何人证实自己有罪”的规定与“不得自证其罪的权利”（right against self-incrimination）还有一定差距。该权利的完整含义，一是“不得强迫任何人证实自己有罪”，二是不得强迫任何人证实自己无罪。“在诉讼中，原则上应当由控诉方提供证据来证明其所指控的犯罪事实成立，被告人在诉讼中不承担证明自己无罪的责任，既然如此，被告人也就没有义务在针对其进行的查找证据的活动中予以合作，他可以在诉讼过程中保持沉默，也可以明确表示拒绝陈述，即被告人在诉讼中享有反对强迫自证其罪的特权或者说沉默权，不得强迫被告人陈述与案情有关的事实，不能因为被告人保持沉默或拒绝陈述就认定其有罪或得出对其不利的结论。”〔2〕尊重不被强迫自证无罪的权利，确立刑事被告人的沉默权，是中国司法文明建设的一个努力方向。

2.2　当事人享有获得辩护、代理的权利

辩护，“是指刑事诉讼中被告人及其辩护人在事实上和法律上为论证对被告人有利的理由而进

〔1〕［德］哈贝马斯：《在事实与规范之间》，童世骏译，三联书店 2003 年版，第 35~36 页。
〔2〕卞建林主编：《刑事诉讼法学》，科学出版社 2008 年版，第 72 页。

行的诉讼活动"[1]。代理，是指代理人接受委托，以被代理人的名义参加诉讼，由被代理人承担代理行为的法律后果的一项诉讼活动。获得辩护、代理的权利是当事人享有的基本诉讼权利。"美国宪法第六修正案和第十四修正案规定，对于重罪、可判处监禁刑的轻罪以及青少年犯罪的刑事被告人，如果因经济上的困难无力聘请私人律师，则法院应为其指定律师，使其享有获得律师辩护的权利，这是一项宪法性权利。"[2]

《宪法》第 125 条规定："被告人有权获得辩护。"《刑事诉讼法》第 14 条规定："人民法院、人民检察院和公安机关应当保障犯罪嫌疑人、被告人和其他诉讼参与人依法享有的辩护权和其他诉讼权利。"并在总则第四章对辩护和代理问题专门作出规定。《民事诉讼法》第 49 条规定："当事人有权委托代理人。"《行政诉讼法》第 31 条规定："当事人、法定代理人，可以委托一至二人作为诉讼代理人。"

十八届四中全会《决定》在"加强人权司法保障"的标题下，对保障当事人享有辩护、代理的权利提出两点要求：①"强化诉讼过程中当事人和其他诉讼参与人的……辩护辩论权……的制度保障。"②"保障当事人依法行使申诉权利。对不服司法机关生效裁判、决定的申诉，逐步实行由律师代理制度。对聘不起律师的申诉人，纳入法律援助范围。"

2.3 当事人享有证据性权利

所谓证据性权利，是指当事人享有的与证据问题相关的权利，主要包括取证权、举证权、质证权。对于当事人享有的证据性权利，尤其是质证权，在国外法律和国际公约中有明确的规定。[3]美国宪法第六修正案规定："在所有的刑事诉讼当中，被告人有权……与对己不利的证人进行对质。"在德国，对质已不局限于被告与证人之间，《德国刑事诉讼法典》第 58 条第 2 款规定："证言相互矛盾的几个证人，可以使之互相对质。"《公民权利和政治权利国际公约》第 14 条第 3 款规定，"在判定对他提出的任何刑事指控时，人人完全平等地有资格享受以下的最低限度的保证：……（戊）讯问或业已讯问对他不利的证人，并使对他有利的证人在与对他不利的证人相同的条件下出庭和受讯问。"当事人享有的取证权、举证权和质证权，在我国主要体现为《刑事诉讼法》、《民事诉讼法》和《行政诉讼法》中的相关规定。

关于取证权，《民事诉讼法》第 49 条第 1、2 款规定："当事人有权委托代理人，提出回避申请，收集、提供证据，进行辩论，请求调解，提起上诉，申请执行。当事人可以查阅本案有关材料，并可以复制本案有关材料和法律文书。"

关于举证权，《民事诉讼法》第 64 条第 1、2 款规定："当事人对自己提出的主张，有责任提供证据。当事人及其诉讼代理人因客观原因不能自行收集的证据，或者人民法院认为审理案件需要的证据，人民法院应当调查收集。"《行政诉讼法》第 34 条第 1 款规定："被告对作出的行政行为负有举证责任，应当提供作出该行政行为的证据和所依据的规范性文件。"

关于质证权，《刑事诉讼法》第 59 条第 1 款规定："证人证言必须在法庭上经过公诉人、被害人和被告人、辩护人双方质证并且查实以后，才能作为定案的根据。"《民事诉讼法》第 68 条和

---

〔1〕《中国大百科全书》（法学卷），中国大百科全书出版社 1992 年版，第 23 页。

〔2〕 Bryan A. Garner Editor in Chief, *Black's Law Dictionary* (Eighth Edition), West Publishing Co., 2004, p. 4131. 薛波主编：《元照英美法词典》，法律出版社 2003 年版，第 1203~1204 页。

〔3〕［美］约翰·亨利·威格莫尔：《论普通法审判中的证据制度》，转引自［美］罗纳德·J. 艾伦等：《证据法：文本、问题和案例》，张保生、王进喜、赵滢译，满运龙校，高等教育出版社 2006 年版，第 114 页。

《行政诉讼法》第43条都规定："证据应当在法庭上出示，并由当事人互相质证。"当事人的质证权包括交叉询问和对质两种权利。

十八届四中全会《决定》对当事人证据权利加以保障的相关规定包括：①"严格依法收集、固定、保存、审查、运用证据，完善证人、鉴定人出庭制度"。②强化诉讼过程中当事人和其他诉讼参与人的陈述权、辩护辩论权的制度保障。

2.4　当事人享有获得救济的权利

法律语境中的救济是指"纠正、矫正或者改正已发生的不当行为或业已造成损害或损失的行为"[1]。"由法院提供的救济被称为司法救济。"[2] 获得救济是当事人享有的一项基本诉讼权利，这包括：①当事人受到伤害、损害后，享有向法院提起诉讼的权利；②当法院作出判决后，如果当事人不服，其享有提出上诉或者申请再审的权利。

《世界人权宣言》第8条规定："任何人当宪法或法律所赋予他的基本权利遭受侵害时，有权由合格的国家法庭对这种侵害行为作有效的补救。"《公民权利和政治权利国际公约》第2条第3款要求缔约国承担下列义务："①保证任何一个公约所承认的权利或自由被侵犯的人，能得到有效的救济；②保证由合格的司法、行政或立法当局或由国家法律制度规定的任何其他合格当局断定其在这方面的权利，并发展司法补救的可能性；③保证这种补救确能付诸实施。"

《刑事诉讼法》第108条规定："被害人对侵犯其人身、财产权利的犯罪事实或者犯罪嫌疑人，有权向公安机关、人民检察院或者人民法院报案或者控告。"《民事诉讼法》第123条规定："对符合本法第119条的起诉，必须受理。……原告对裁定不服的，可以提起上诉。"《行政诉讼法》第52条规定："人民法院既不立案，又不作出不予立案裁定的，当事人可以向上一级人民法院起诉。"十八届四中全会《决定》提出，"强化诉讼过程中当事人……申请权、申诉权的制度保障。"这是对当事人享有获得救济的权利的具体要求。

指标3　民事司法程序

3.1　民事审判符合公正要求

民事审判应当符合公正要求，包括实体公正和程序公正。十八届四中全会《决定》提出："推进严格司法。坚持以事实为根据、以法律为准绳，健全事实认定符合客观真相、办案结果符合实体公正、办案过程符合程序公正的法律制度。"这里，通过准确的事实认定和正确的法律适用来实现正义，就是对实体公正的要求；"办案过程符合程序公正"，则是对程序公正的要求。

民事审判的程序公正，特别要求"法官必须认真听取双方当事人各自的主张及辩论并仅仅依据事实和法规做出裁判，等等"[3]。因为民事诉讼是解决私人纠纷的法律活动，其程序的公正性最为重要的体现就是法官的中立性，即法官能否在双方当事人之间不偏不倚、恪守中立。"解决争执者应保持中立。人们不应充当审理他们自己的案件的法官；法官或陪审团不应偏心。"[4] 美国学者戈尔丁（Golding）论述了这种中立性的三项原则：①与自身有关系的人不应该成为该案的法官；②案

---

〔1〕 薛波主编：《元照英美法词典》，法律出版社2003年版，第1177页。

〔2〕 Bryan A. Garner Editor in Chief, *Black's Law Dictionary* (Eighth Edition), West Publishing Co., 2004, p. 4043.

〔3〕 ［日］谷口安平：《程序的正义与诉讼》，王亚新、刘荣军译，中国政法大学出版社1996年版，第91页。

〔4〕 ［美］迈克尔·D. 贝勒斯：《法律的原则——一个规范的分析》，张文显等译，中国大百科全书出版社1996年版，第36页。

件处理的结果中不应包含纠纷解决者的个人利益；③纠纷解决者不应有支持或者反对某一方的偏见。[1]

3.2　民事诉讼中的调解自愿、合法

在民事诉讼中，调解是指双方当事人在审判人员的主持下，在平等协商的基础上，对他们之间的民事权益争议合意解决的诉讼活动和方式。《民事诉讼法》第9条规定："人民法院审理民事案件，应当根据自愿和合法的原则进行调解；调解不成的，应当及时判决。"所谓调解自愿原则，是指是否进行调解、调解协议的内容如何都要以双方当事人真实的意愿为前提；法院和法官不能违背当事人的真实意愿而坚持"调解优先"，强制或变相强制当事人接受调解。《民事诉讼法》第93条规定："人民法院审理民事案件，根据当事人自愿的原则，在事实清楚的基础上，分清是非，进行调解。"第96条规定："调解达成协议，必须双方自愿，不得强迫。"第96条还规定："调解协议的内容不得违反法律规定。"这确立了调解合法原则。

在法治社会，法院依照法律解决社会争端的审判活动，具有理性、公正与和平的特点。在法庭上，争端各方向中立的裁判者提出证据，证明自己的事实主张；法院根据证据裁判原则认定事实，因而使法院判决具有可接受性，使争端得到终局性解决。从调解自愿、合法的要求看，它与判决的效力不同。对于调解而言，调解不成或者反悔是一种常态，其效力具有一定的暂时性；判决则没有不成或反悔的问题，因而具有终局性。因此，《民事诉讼法》第99条规定："调解未达成协议或者调解书送达前一方反悔的，人民法院应当及时判决。"法院不能不尽判决义务，一味追求高调解率而损害当事人的合法权益，不能把调解当作解决争端的最后手段。

3.3　民事诉讼裁判得到有效执行

民事诉讼裁判能否得到有效执行，反映了法院生效裁判的权威性、实效性，决定了受到侵害的民事法律关系能否得以恢复。"及时性"是衡量有效执行的一个重要指标。《民事诉讼法》第三编"执行程序"分四章共35条对民事诉讼裁判的有效执行作了系统规定，包括执行主体、执行的申请和移送、执行措施、执行中止和终结等。针对执行机构消极不执行的行为，《民事诉讼法》第226条规定当事人可以申请变更执行法院："人民法院自收到申请执行书之日起超过6个月未执行的，申请执行人可以向上一级人民法院申请执行。上一级人民法院经审查，可以责令原人民法院在一定期限内执行，也可以决定由本院执行或者指令其他人民法院执行。"

十八届四中全会《决定》对执行程序提出的要求是："切实解决执行难，制定强制执行法，规范查封、扣押、冻结、处理涉案财物的司法程序。加快建立失信被执行人信用监督、威慑和惩戒法律制度。依法保障胜诉当事人及时实现权益。"

指标4　刑事司法程序

4.1　侦查措施及时合法

侦查是刑事诉讼的基础，也是起诉和审判活动的重要保证，其主要任务是收集证据和查获犯罪嫌疑人。[2] 侦查措施及时合法是指，公安机关对于已经立案的刑事案件，应当及时收集、调取犯

---

[1] [美] 戈尔丁：《法律哲学》，齐海滨译，三联书店1987年版，第240页。

[2] 陈光中主编：《刑事诉讼法》（第5版），北京大学出版社、高等教育出版社2013年版，第250页。

罪嫌疑人有罪或无罪的证据；同时，侦查权的行使应当受到严格约束，严格按照法定的诉讼程序和要求进行，不得侵害公民权利，以实现打击犯罪和保障人权的双重目的。

侦查措施及时合法的要求是：第一，侦查机关收集证据要迅速及时。在很多情况下，收集证据和查获犯罪嫌疑人的时机稍纵即逝，侦查机关的任何迟疑都会给侦查破案造成无法弥补的损失。第二，侦查程序要合法，即侦查机关要严格按照法定程序采取强制性措施和收集证据。所谓法定程序，首先是宪法确定的程序，即《宪法》第 37 条的规定："任何公民，非经人民检察院批准或者决定或者人民法院决定，并由公安机关执行，不受逮捕。禁止非法拘禁和以其他方法非法剥夺或者限制公民的人身自由，禁止非法搜查公民的身体。"其次是刑事诉讼法规定的程序，如《刑事诉讼法》第 50 条规定："严禁刑讯逼供和以威胁、引诱、欺骗以及其他非法方法收集证据，不得强迫任何人证实自己有罪。"第三，侦查机关要严格遵守法定期间，严禁超期羁押或者变相羁押犯罪嫌疑人。如《刑事诉讼法》第 117 条规定："不得以连续传唤、拘传的形式变相拘禁犯罪嫌疑人。传唤、拘传犯罪嫌疑人，应当保证犯罪嫌疑人的饮食和必要的休息时间。"

4.2　审查起诉公正有效

刑事犯罪通常由检察官代表国家提起指控，实施国家公诉制度，即"刑事案件的起诉权由国家垄断行使"[1]。我国实行以公诉为主、自诉为辅的刑事起诉制度，除少数自诉案件外，大多数刑事案件都由检察院向法院提起公诉。

审查起诉公正有效的要求是：第一，检察官负有"客观义务"。联合国《关于检察官作用的准则》第 13 条规定，检察官在履行职责时，应当"保证公众利益，按照客观标准行事，适当考虑到嫌疑犯和受害者的立场，并注意到一切有关情况，无论对嫌疑犯有利还是不利"。《刑事诉讼法》第 168 条规定："人民检察院审查案件的时候，必须查明：①犯罪事实、情节是否清楚，证据是否确实、充分，犯罪性质和罪名的认定是否正确；②有无遗漏罪行和其他应当追究刑事责任的人；③是否属于不应追究刑事责任的；……⑤侦查活动是否合法。"第二，严守提起公诉的标准。对于犯罪嫌疑人没有犯罪事实，或者依法不应当追究刑事责任的，应当作出不起诉的决定。尤其重要的是，对于证据不足，不符合起诉条件的，人民检察院应按照疑罪从无的原则，依法作出不起诉决定。第三，正确使用起诉裁量权。对于犯罪情节轻微，依照刑法规定不需要判处刑罚处罚或者免予刑罚处罚的，即使案件符合起诉条件，也应当权衡各种因素，包括对犯罪嫌疑人的年龄、犯罪动机和目的、犯罪手段、危害后果、悔罪表现等进行综合考量，如果认为不起诉比起诉对国家和社会更为有利，就应当作出不起诉的决定。第四，应当加强对违法侦查取证行为的监督与处理。人民检察院应当审查侦查活动是否符合法定程序，有无刑讯逼供和以威胁、引诱、欺骗以及其他非法方法收集证据的情况，对于非法取得的证据应当依法予以排除，不得作为提起公诉决定的依据。

4.3　刑事审判公正及时有效

公正审判包括审判程序公正和审判结果公正。其中，审判程序公正包括程序参与、审判中立、程序对等、程序理性、程序自治、程序及时和终结等。[2] 联合国《公民权利和政治权利国际公约》第 14 条第 1 款规定："在判定对任何人提出的任何刑事指控或确定他在一件诉讼案中的权利和义务时，人人有资格由一个依法设立的合格的、独立的和无偏倚的法庭进行公正的和公开的审讯。"刑

---

〔1〕 樊崇义主编：《刑事诉讼法学》（修订版），中国政法大学出版社 2002 年版，第 234 页。

〔2〕 参见陈瑞华：《刑事审判原理论》，北京大学出版社 2003 年版，第 54 页。

事审判符合公正要求，既有利于保障无辜的人不受到刑事追究，又有利于保障对犯罪的人进行公正的惩罚，为人权提供有力的司法保障。

为使刑事审判符合公正要求，《刑事诉讼法》第227条规定："第二审人民法院发现第一审人民法院的审理有下列违反法律规定的诉讼程序的情形之一的，应当裁定撤销原判，发回原审人民法院重新审判：①违反本法有关公开审判的规定的；②违反回避制度的；③剥夺或者限制了当事人的法定诉讼权利，可能影响公正审判的；④审判组织的组成不合法的；⑤其他违反法律规定的诉讼程序，可能影响公正审判的。"对于公正审判，十八届四中全会《决定》提出了"努力让人民群众在每一个司法案件中感受到公平正义"的要求，为此，应当推进以审判为中心的诉讼制度改革，全面贯彻证据裁判规则，保证庭审在查明事实、认定证据、保护诉权、公正裁判中发挥决定性作用；还要完善人民陪审员制度，保障人民群众参与司法。最高人民法院《关于全面深化人民法院改革的意见》也提出，建立中国特色社会主义审判权力运行体系，推动完善确保人民法院依法独立公正行使审判权的各项制度。

审判及时有效，要求审判程序不仅要有效率、有效益，还要有效果。审判及时要求审判活动在保障程序合法的前提下快速推进，不得无故拖延。同时，审判程序的设计应当符合经济原则，实现司法资源的合理分配。为此，应当有序推进刑事案件速裁程序改革，健全轻微刑事案件快速办理机制，构建被告人认罪认罚案件的分流机制，优化配置司法资源。此外，审判结果还要能够真正解决纠纷，做到案结事了。

指标5 行政司法程序

5.1 行政审判符合公正要求

行政诉讼的突出特点是：原告是私人主体（个人或组织），被告是行政主体（行政机关或法律授权的组织），原告和被告之间在社会地位和诉讼力量上的悬殊很可能导致其诉讼地位不平等。因此，行政审判的公正性旨在扭转当事人之间实际上不平等的法律关系。

行政审判的公正性要求主要体现在以下方面：①被告承担证明责任的倒置原则。《行政诉讼法》第34条第2款规定："被告不提供或者无正当理由逾期提供证据，视为没有相应证据。"该规定的法治意义在于，行政诉讼奉行与民事诉讼"谁主张，谁举证"不同的"证明责任倒置"原则，由被告承担其具体行政行为合法的证明责任，否则，法院应当"认定被诉具体行政行为没有相应的证据"[1]。这意味着，只有当被告证明具体行政行为合法时才能胜诉，否则应该承担败诉后果。这旨在激励行政机关依法行政。②原告提供证据的权利。《行政诉讼法》第37条规定："原告可以提供证明行政行为违法的证据。"由于原告提供证据是一项权利而非义务，所以，其一，原告不是只能消极等待被告举证不能的后果，而是可以主动提供证据，通过证明被告行政行为违法而获得胜诉。其二，有权举证既然是一项"权利"，权利主体便可放弃该权利。原告放弃举证，或者，如该条进一步强调的："原告提供的证据不成立的，不免除被告的举证责任。"③十八届四中全会《决定》对行政审判公正性提出的要求包括："健全行政机关依法出庭应诉、支持法院受理行政案件……的制度。""加强对司法活动的监督。完善检察机关行使监督权的法律制度，加强对……行政诉讼的法律监督。"

---

[1] 胡建淼主编：《行政诉讼法学》，法律出版社2004年版，第158~160页。

5.2　行政诉讼裁判得到有效执行

行政诉讼的生效裁判应当得到当事人的尊重并被有效执行，这体现了行政司法裁判的终局性。除法定事由（如法官渎职或受贿）外，一旦作出生效的行政诉讼裁判，就意味着纠纷得到了最终解决。任何机关、团体、个人都不得推翻法院的生效判决，尤其是作为被告方的政府机关更应当尊重判决的效力。联合国《关于司法机关独立的基本原则》第 4 条规定："不应对司法程序进行任何不适当或无根据的干涉，法院作出的司法裁决也不应加以修改。"

由于行政诉讼双方力量上的差异，行政诉讼的裁判尤其应当得到被告方即政府机关的尊重与执行。对此，《行政诉讼法》第 94 条规定："当事人必须履行人民法院发生法律效力的判决、裁定、调解书。"第 95 条规定："公民、法人或者其他组织拒绝履行判决、裁定、调解书的，行政机关或者第三人可以向第一审人民法院申请强制执行，或者由行政机关依法强制执行。"十八届四中全会《决定》要求："健全行政机关……尊重并执行法院生效裁判的制度。完善惩戒妨碍司法机关依法行使职权、拒不执行生效裁判和决定、藐视法庭权威等违法犯罪行为的法律规定。"

指标 6　证据制度

6.1　证据裁判原则得到贯彻

"证据裁判，是指对于案件争议事项的认定，应当依据证据。"[1]"无证据，不能认定案件事实。"[2]许多国家的法律都明文规定了证据裁判原则。例如，《德国刑事诉讼法典》第 427 条第 2 款规定："法官只能以提交审理并经过双方辩论的证据为依据作出判决。"日本《刑事诉讼法》第 317 条规定："认定事实，应当依据证据。"我国《刑事诉讼法》第 53 条规定："对一切案件的判处都要重证据，重调查研究，不轻信口供。"这是证据裁判原则的实质体现，但更准确的表述是"两院三部"2010 年《死刑案件证据规定》第 2 条："认定案件事实，必须以证据为根据。"法治社会理性的证据裁判制度，使国家司法机关和法官摆脱了反复无常和任性的支配，司法权的公正行使以证据为依据，公民靠证据制度来维护自己的合法权益。"确立证据裁判原则的意义在于：它否定了历史上的神明裁判、刑讯逼供等非理性的事实认定方法，是刑事诉讼文明进步的表现。"[3]十八届四中全会《决定》提出："全面贯彻证据裁判规则，严格依法收集、固定、保存、审查、运用证据，完善证人、鉴定人出庭制度，保证庭审在查明事实、认定证据、保护诉权、公正裁判中发挥决定性作用。"沈德咏大法官说："证据裁判原则是现代证据法的基石，法官所作出的任何裁判都必须以证据为基础。"[4]

全面贯彻证据裁判原则的要求是：①严格依法收集、固定、保存、审查、运用证据。②完善证人、鉴定人出庭制度，保证庭审在查明事实、认定证据、保护诉权、公正裁判中发挥决定性作用。③公安司法人员具有证据裁判意识并掌握证据裁判的主要技能。这包括：侦查人员合法收集证据；实物证据在法庭上出示，由提取者、制作者和保管者进行辨认鉴真；证人出庭作证并接受质证；律师运用证据规则为委托人进行有效辩护，维护当事人的诉讼权利；法官熟谙证据法原理，运用证据

---

〔1〕陈光中主编：《中华人民共和国刑事证据法专家拟制稿（条文、释义与论证）》，中国法制出版社 2004 年版，第 127 页。

〔2〕参见江伟主编：《中国证据法草案（建议稿）及立法理由书》，中国人民大学出版社 2004 年版，第 1 页。

〔3〕陈光中主编：《中华人民共和国刑事证据法专家拟制稿（条文、释义与论证）》，中国法制出版社 2004 年版，第 128 页。

〔4〕最高人民法院常务副院长沈德咏 2008 年 5 月 20 日在《〈人民法院统一证据规定〉司法解释建议稿及论证》首发式暨证据规则研讨会上的书面讲话。

规则组织法庭举证、质证。

6.2　证据依法得到采纳与排除

证据采纳与排除是证据法的典型内容。在各国司法实践中，法官都是证据裁判主体，其司法权的运用主要是“在举证、质证和认证程序中，有权依法采纳和排除特定证据”[1]。对于法官依法采纳和排除证据有以下要求：①采纳证据的条件：一是必要条件，没有相关性的证据不可采纳。二是其他条件：公正、和谐与效率。在审判实践中，除相关性规则外，“可以把剩余的大多数证据规则分为以下三类：以其具有超过证明价值的不公正的偏见影响为由，证明排除证据之正当性的规则；为了防止过分拖延或耗费时间，而指示或反映成本效益分析的规则；以及反映被视为超越以查明真相为目的的外部政策方面的规则。”[2] ②证据排除的目的：一是“求真”，如排除不相关的证据，就是为了促进准确的事实认定。二是“求善”，如为了保障程序公正和人权，排除诸如非法证据等可能产生不公正偏见的相关证据；又如为了促进社会和谐，设立不得用以证明过错和责任的证据规则、作证特免权规则等。③法官采纳和排除证据的自由裁量权，应当受“错误认证后果”的证据规则限制，如果作出影响当事人实质权利的错误认证，可成为当事人上诉和检察院抗诉，以及二审发回重审的主要理由。[3] 此外，最高人民法院《民事诉讼证据规定》第 79 条规定：“人民法院应当在裁判文书中阐明证据是否采纳的理由。”

6.3　证明过程得到合理规范

事实认定包括证明和认证两个部分。[4] 证明是指诉讼当事人或控辩双方向事实认定者提供证据的活动，主要由举证和质证组成。举证是提出证据来支持其主张的证明活动，包括实物证据的出示和言词证据的提出。根据直接言词原则，直接询问是举证的主要形式，交叉询问和对质是质证的主要形式。法官作为审判活动的主持者和事实认定者，必须熟练运用证据规则来规范诉讼双方的证明过程，对诉讼双方提出的证据作出采纳和排除的裁定。只有合理规范证明过程，才能保证诉讼双方受到公正对待，保证裁判结果的公正性、正当性和可接受性。

十八届四中全会《决定》对证明过程得到合理规范的要求是：“全面贯彻证据裁判规则，严格依法收集、固定、保存、审查、运用证据，完善证人、鉴定人出庭制度，保证庭审在查明事实、认定证据、保护诉权、公正裁判中发挥决定性作用。”

指标 7　司法腐败遏制

7.1　警察远离腐败

警察是国家惩戒违法恶行、维护社会秩序的暴力机器，也最可能因权力扩张及职权滥用而损害民权，故保障警察队伍的纯净廉洁是文明执法的重要保证。在刑事诉讼中，警察掌控多数案件的立案及侦查权。因此，警察在履行职责过程中能否廉洁办案、秉公执法，直接影响社会秩序及后续的

---

〔1〕 张保生：“审判中心与证据裁判”，载《光明日报》2014 年 11 月 5 日，理论版。

〔2〕 ［美］特伦斯·安德森、［美］戴维·舒姆、［英］威廉·特文宁：《证据分析》，张保生等译，中国人民大学出版社 2012 年版，第 112 页。

〔3〕 参见陈光中主编：《中华人民共和国刑事证据法专家拟制稿（条文、释义与论证）》，中国法制出版社 2004 年版，第 609 页。他认为：“二审程序只是一种救济程序，这里的救济包括对一审法院对证据错误裁定的救济，其中但书更包括对被告人不利的证据裁定错误的审理。”

〔4〕 张保生主编：《证据法学》（第 2 版），中国政法大学出版社 2014 年版，第 359 页。

诉讼活动。《警察法》第 22 条关于警察廉洁履职的若干禁止性规定包括："……⑥敲诈勒索或者索取、收受贿赂；……⑧违法实施处罚或者收取费用；⑨接受当事人及其代理人的请客送礼；……" 2015 年，公安部《公安机关内部人员干预、插手案件办理的记录、通报和责任追究规定》、《公安机关涉案财物管理若干规定》都对遏制警察腐败作了具体规定。

7.2 检察官远离腐败

在刑事诉讼中，检察院是唯一有权提起公诉的国家机关，还是法律监督机关，因此，检察官的廉洁状况集中反映出一个国家和地区的司法文明程度。《检察官法》第 35 条关于检察官廉洁履职的若干禁止性规定包括："……②贪污受贿；……⑩利用职权为自己或者他人谋取私利；⑪从事营利性的经营活动；⑫私自会见当事人及其代理人，接受当事人及其代理人的请客送礼；……" 最高人民检察院 2013 年《关于加强和改进新形势下检察队伍建设的意见》提出："加强自身反腐倡廉。……健全反腐倡廉长效机制，……始终保持对自身腐败问题的'零容忍'，坚决查处关系案、人情案、金钱案和执法不公、司法腐败案件"。最高人民检察院《关于深化检察改革的意见（2013~2017 年工作规划）》，将"强化纪检监察、检务督察"作为五年重点改革任务，强调"加快完善检察机关自身惩治和预防腐败体系"。2015 年，最高人民检察院《人民检察院刑事诉讼涉案财物管理规定》、《职务犯罪侦查工作八项禁令》都对检察人员的公正廉洁、远离腐败提出了明确要求。

7.3 法官远离腐败

法官作为最狭义的司法官员，其廉洁公正是司法文明最重要的指标。《法官法》第 7 条规定，法官应"清正廉明"；第 32 条关于法官廉洁履职的若干禁止性规定包括："……②贪污受贿；……⑩利用职权为自己或者他人谋取私利；⑪从事营利性的经营活动；⑫私自会见当事人及其代理人，接受当事人及其代理人的请客送礼；……" 2014 年，最高人民法院《人民法院贯彻落实〈建立健全惩治和预防腐败体系 2013~2017 年工作规划〉的实施办法》要求：以"零容忍"的态度查处司法腐败案件，把查处法院领导干部贪污受贿、权钱交易、失职渎职案件和审判执行人员徇私舞弊、枉法裁判、以案谋私案件作为查案工作的重点，尤其要严肃查处利用司法潜规则获取不义之财以及在办案法官与案件当事人之间充当诉讼掮客的法院干警，坚决遏制关系案、人情案、金钱案。2015 年，最高人民法院《人民法院落实〈司法机关内部人员过问案件的记录和责任追究规定〉的实施办法》规定，对法院领导及内部人员干预案件办理的现象予以严肃整治。法官腐败并非单纯的道德和监督问题，还有司法体制及政治体制方面的原因。准确评估法官远离腐败的程度，不仅对测量一个国家和地区的司法文明程度极为重要，也可为司法改革措施的出台提供重要的参考性数据。

指标 8 法律职业化

8.1 法律职业人员获得职业培训

法律职业的特征在于，其职业技能需要经过长期训练才能获得。因此，国家不仅为法律职业设置了较高门槛，而且还要求进入职业门槛后的法律职业人员通过不断培训，来确保自身具备行使相应法律职责的基本技能和法律知识，这是世界各国对法律职业人员的通行要求。联合国 1990 年《关于律师作用的基本原则》第 9 条规定，各国政府、律师专业组织和教育机构应确保律师受过适当教育和培训。美、德、法、日等国目前已建立起相对完善的法律职业培训体系，对法律职业人员进行定期培训。在日本，司法研修所中的一个分支是法官研究分部，承担新任命法官和任职第 3、5、10 年及以上法官的研修工作。在美国，无论对联邦法官还是州法官都有系统的培训要求，联邦法院法官主要由联邦司法中心负责组织培训，州一级最著名的司法培训中心是位于内华达州雷诺市的国家司法学院（National Judicial College）。[1]

我国有关法律明确规定，各类法律职业人员均有获得职业培训的权利。例如，《法官法》第 26 条规定，对法官应当有计划地进行理论培训和业务培训。第 27 条规定，国家法官院校和其他法官培训机构按照有关规定承担培训法官的任务。第 28 条规定，法官在培训期间的学习成绩和鉴定，作为其任职、晋升的依据之一。《检察官法》第 29～31 条也作了类似规定。《律师法》第 46 条规定，律师协会负有组织律师进行业务培训的职责。《警察法》第 29 条规定，必须对人民警察有计划地进行政治思想、法制、警察业务等教育培训。

8.2　法律职业人员遵守职业伦理规范

职业伦理又称职业道德，是指“某一职业的全体从业人员应普遍遵循，并被有关职业组织采纳为其职业规范的行为准则，违反者将受到执业纪律的惩戒”[2]。法律职业伦理规范的一般要求，涉及作为法律共同体成员的法官、检察官、警察和律师，即要求其在执业活动或行使职权的过程中，坚持公平正义理念，遵守相应的道德规范和法律规范。对于律师而言，主要是遵守律师职业的伦理规范；对于作为司法公权力主体的法官、检察官和警察而言，法律职业规范对他们有更高的要求，即应遵守公正、廉洁的要求。例如，《马萨诸塞州司法行为准则》就是专门针对法官的职业行为准则。“准则 1：法官应该维持和促进司法的独立、廉正和公正，并应该避免不当行为和表见不当行为。”“准则 2：法官应该公正、称职、勤勉地履行司法机关的职责。”“准则 3：法官从事其个人和法庭职权外活动，应尽力降低该类活动与司法机关义务之间冲突的风险。”“准则 4：法官应该避免参加与司法独立、廉正和公正相悖的政治活动。”[3]

法律职业伦理规范是法律职业实现自我规范的重要手段，也是法律职业区别于其他普通行业的一个重要标志。[4] 法律职业人员遵守法律职业伦理规范的状况，是反映各地司法文明程度的重要数据。我国已颁布了《法官职业道德基本准则》、《检察官职业道德基本准则》和《律师执业行为规范》等法律职业伦理规范，但在司法实践中还存在许多违反法律职业伦理规范的问题。十八届四中全会《决定》针对目前“执法司法不规范、不严格、不透明、不文明现象较为突出，群众对执法司法不公和腐败问题反映强烈”的问题提出如下要求：“依法规范司法人员与当事人、律师、特殊关系人、中介组织的接触、交往行为。严禁司法人员私下接触当事人及律师、泄露或者为其打探案情、接受吃请或者收受其财物、为律师介绍代理和辩护业务等违法违纪行为，坚决惩治司法掮客行为，防止利益输送。”

8.3　法律职业人员享有职业保障

法律职业保障是独立司法的必要条件。法律职业保障可分为三个层次：第一个层次是职业安全

〔1〕 美国、英国、德国、法国等国家对法官的培训状况，参见最高人民法院中国应用法学研究所编、韩苏琳编译：《美英德法四国司法制度概况》，人民法院出版社 2008 年版，第 52、294、363、447 页。

〔2〕 薛波主编：《元照英美法词典》，法律出版社 2003 年版，第 1103 页。

〔3〕 参见《马萨诸塞州司法行为准则》，张保生等译，满运龙审校，中国政法大学出版社 2016 年版。

〔4〕［美］德博拉·L. 罗德、小杰弗瑞·海泽德：《律师的职业责任与规制》（第 2 版），中国人民大学出版社 2013 年版，第 3 页。

保障，法律职业人员不能因为从事某一职业活动而使人身安全遭到侵害，这是一个底线性保障。许多法治发达国家都确立了相应的法律职业责任豁免制度，使其无需担心自己的职业行为和言论遭到追究。第二个层次是物质条件保障，包括职业待遇保障和职业活动条件保障。后者保障法律职业人员从事法律职业活动的办公条件和办案环境；前者可使法律职业人员秉承法律公正司法，而不因生活困顿而无法坚守法律职业人员应有的立场。美国《宪法》第3条规定，法官在任职期间薪资不得降低。汉密尔顿说："最有助于维护法官独立者，除使法官职务固定外，莫过于使其薪俸固定。就人类天性之一般情况而言，对某人的生活有控制权，等于对其意志有控制权。在任何置司法人员的财源于立法机关的不时施舍之下的制度中，司法权与立法权的分立将永远无从实现。"[1]第三个层次是职业尊荣保障，法律职业应该享有崇高的职业声誉，法律职业人员应该具有崇高的荣誉感，这是司法取信于民的重要条件。

我国法律职业保障制度已初步建立。例如，《法官法》第8条规定法官享有下列权利：①履行法官职责应当具有的职权和工作条件；②依法审判案件不受行政机关、社会团体和个人的干涉；③非因法定事由、非经法定程序，不被免职、降职、辞退或者处分；④获得劳动报酬，享受保险、福利待遇；⑤人身、财产和住所安全受法律保护；⑥参加培训；⑦提出申诉或者控告；⑧辞职。目前一些地区的法官、检察官进行员额制改革，希望从薪酬等方面提升其待遇。但现实中，法官、检察官因薪酬待遇、工作压力、职业尊严等原因而离职的现象越来越多。[2] 律师因《刑法》第306条律师伪证罪而身陷囹圄的现象也不少见。因此，完善法律职业保障体系，解决法律职业人员在工作压力、职业薪资、职业发展空间和人员流动等方面的问题，是推进法律职业人员职业化的重要任务。

十八届四中全会《决定》提出：①"加快建立符合职业特点的法治工作人员管理制度，完善职业保障体系，建立法官、检察官、人民警察专业职务序列及工资制度。"②"建立法官、检察官逐级遴选制度。初任法官、检察官由高级人民法院、省级人民检察院统一招录，一律在基层法院、检察院任职。上级人民法院、人民检察院的法官、检察官一般从下一级人民法院、人民检察院的优秀法官、检察官中遴选。"③"建立健全司法人员履行法定职责保护机制。非因法定事由，非经法定程序，不得将法官、检察官调离、辞退或者作出免职、降级等处分。"

指标9　司法公开

9.1　司法过程依法公开

司法过程依法公开，旨在限制司法权恣意和保障当事人诉讼权利。司法"过程本身的直观公正对社会整体会产生正当化效果"[3]。"没有（司法过程的）公开性，其他一切制约都无能力。和（司法过程的）公开性相比，其他各种制约是小巫见大巫。"[4] 司法公开不仅是结果依法公开，更要求过程依法公开，这样才能实现"看得见的正义"。根据最高人民法院《关于司法公开的六项规定》，司法公开包括：立案公开、庭审公开、执行公开、听证公开、文书公开和审务公开。当然，司法过程的公开不是绝对的，如果涉及个人隐私、商业秘密、国家秘密等，司法过程将不予公开。

---

〔1〕［美］汉密尔顿、杰伊、麦迪逊：《联邦党人文集》，程逢如等译，商务印书馆1980年版，第396页。

〔2〕彭波："健全职业保障制度 让基层司法人员不再流失"，载《人民日报》2014年7月30日。

〔3〕张文显主编：《法理学》（第4版），高等教育出版社、北京大学出版社2011年版，第142页。

〔4〕王名扬：《美国行政法》，中国法制出版社1995年版，第433页。

《公民权利和政治权利国际公约》第 14 条将“法庭进行公正的和公开的审讯”确定为司法的一般原则，其例外只包括：“由于民主社会中的道德的、公共秩序的或国家安全的理由，或当诉讼当事人的私生活的利益有此需要时，或在特殊情况下法庭认为公开审判会损害司法利益因而严格需要的限度下，可不使记者和公众出席全部或部分审判；但对刑事案件或法律诉讼的任何判刑决应公开宣布，除非少年的利益另有要求或者诉讼系有关儿童监护权的婚姻争端。”

十八届四中全会《决定》明确提出：“构建开放、动态、透明、便民的阳光司法机制，推进审判公开、检务公开、警务公开、狱务公开，依法及时公开执法司法依据、程序、流程、结果和生效法律文书，杜绝暗箱操作。”

9.2 裁判结果依法公开

根据我国三大诉讼法的有关规定，相对于过程的相对公开而言，裁判结果一般采取绝对公开的方式。根据最高人民法院《关于司法公开的六项规定》，文书公开和执行公开（中的执行裁判文书公开）指的就是司法活动的结果依法公开。根据十八届四中全会《决定》关于“依法及时公开执法司法依据、程序、流程、结果和生效法律文书，杜绝暗箱操作。加强法律文书释法说理，建立生效法律文书统一上网和公开查询制度”的要求，裁判结果依法公开包括：①形式公开，即生效裁判文书的公开宣判、统一上网和公开查询制度。“裁判文书是人民法院审判工作的最终产品，是承载全部诉讼活动、实现定分止争、体现司法水平的重要载体。”[1] ②实质公开，即证据采纳与排除的理由公开，以及诉辩双方意见采纳与否的理由公开。

指标 10 司法文化

10.1 公众参与司法的意识及程度

公众参与司法是司法民主的重要内容之一。公众参与司法的途径多种多样，包括旁听法庭审判、担任人民陪审员和人民监督员、出庭作证等方式。我国三大诉讼法均规定，人民法院审判第一审案件，可以由审判员和人民陪审员共同组成合议庭；人民陪审员在审判时与审判员拥有同等的权利。“人民陪审员制度是我国司法民主的标志性制度，其设置主要有四项目的：赋予人民参与国家管理的权力，体现和实践司法的人民性；促进司法民主，防止司法专横；发挥人民陪审员在社会阅历、专业知识等方面的独特优势，丰富法官在审查案件事实、适用法律中的思维和判断，促进司法公正；增强司法透明度，强化人民群众对司法活动的监督。”[2] 2003 年，人民检察院开始设立人民监督员，人民检察院直接受理侦查的案件拟作出逮捕或不起诉决定的，均须提交人民监督员进行审议，接受其监督。

十八届四中全会《决定》提出：“坚持人民司法为人民，依靠人民推进公正司法，通过公正司法维护人民权益。在司法调解、司法听证、涉诉信访等司法活动中保障人民群众参与。完善人民陪审员制度，保障公民陪审权利，扩大参审范围，完善随机抽选方式，提高人民陪审制度公信度。逐步实行人民陪审员不再审理法律适用问题，只参与审理事实认定问题。”

10.2 公众诉诸司法的意识及程度

公众诉诸司法的意识及程度是现代司法文明的重要体现。司法“程序使当事人不可能发生激烈

〔1〕 最高人民法院：《中国法院的司法公开》，人民法院出版社 2015 年版，第 8 页。

〔2〕 韩玉芬：“坚持司法民主，全力推进人民陪审员制度”，载《人民法院报》2013 年 1 月 16 日。

的外部对抗和冲突，既然选择了（司法）程序，也就抛弃了野蛮和无序，选择了文明和有序”[1]。因此，公众诉诸司法的意识及程度体现了现代理性人对争端解决方式的理性选择，它在一定程度上表征一个国家或地区的司法文化的先进程度。

十八届四中全会《决定》提出：“强化法律在维护群众权益、化解社会矛盾中的权威地位，引导和支持人们理性表达诉求、依法维护权益，解决好群众最关心最直接最现实的利益问题。”“健全社会矛盾纠纷预防化解机制，完善调解、仲裁、行政裁决、行政复议、诉讼等有机衔接、相互协调的多元化纠纷解决机制。”

10.3 公众接受司法裁判的意识及程度

“司法应能定分止争，否则裁而不断、缠讼不止，矛盾纠纷不能解决，社会关系不能稳定，司法的权威也无从建立。”[2] 司法权威建立在公众对司法裁判的自觉接受之司法文化基础上，只有公众自己接受司法裁判，才能充分发挥司法定分止争、案结事了的功能。特别是当法院的民事案件审判程序没问题，但判决结果令人不满时，人们对司法裁判的接受意识及程度反映了公众对司法的信任程度。因为，正当程序“使蒙受不利结果的当事人不得不接受该结果的作用，这不是来自决定内容的‘正确’或‘没有错误’等实体理由，而是从程序过程本身的公正性、合理性中产生出来。……这种由过程的正当证明结果的正当是法治的合理性所在”[3]。因此，当程序正当但公众对实体结果不满意时，公众对司法裁判的接受程度反映了司法文明的程度。

10.4 公众接受现代刑罚理念的意识及程度

根据现代刑罚理念，“刑罚的目的仅仅在于：阻止罪犯再重新侵害公民，并规诫其他人不要再重蹈覆辙。因而，刑罚和实施刑罚的方式应该经过仔细推敲，一旦建立了对应关系，它会给人以一种更有效、更持久、更少摧残犯人躯体的印象。”因此，古代的“报应刑”、“报复性司法”观念，已逐渐为现代的“教育刑”、“恢复性司法”观念所取代，一些国家在逐渐废除死刑（或通过立法完全废除死刑，或减少适用死刑的罪名，或通过严格的司法程序限制死刑的适用以达到最终废除死刑的目的，等等），即使保留死刑，也倾向于尽量采用痛苦程度较小的注射方式执行。同时，基于人权保障和人道主义理念，现代司法文明也反对在公共场所举行公捕、公判大会等有辱犯罪嫌疑人、被告人或罪犯人格的形式。因此，公众对强调人权和人道主义的现代刑罚理念和方法的认识和接受，反映了司法文化趋向文明的程度。

五、司法文明指数问卷题目和变量

司法文明指数的10个一级指标，进一步分解为32个二级指标，继续分解为64个问卷题目，其分布情况参见表2。

---

[1] 张文显主编：《法理学》（第4版），高等教育出版社、北京大学出版社2011年版，第136页。
[2] 陈光中、龙宗智：“关于深化司法改革若干问题的思考”，载《中国法学》2013年第4期。
[3] 张文显主编：《法理学》（第4版），高等教育出版社、北京大学出版社2011年版，第142页。

表 2 司法文明指数 64 个问卷题目分布情况

1. 司法权力	5 个二级指标/13 个问题
2. 当事人诉讼权利	4 个二级指标/7 个问题
3. 民事司法程序	3 个二级指标/4 个问题
4. 刑事司法程序	3 个二级指标/8 个问题
5. 行政司法程序	2 个二级指标/2 个问题
6. 证据制度	3 个二级指标/7 个问题
7. 司法腐败遏制	3 个二级指标/6 个问题
8. 法律职业化	3 个二级指标/9 个问题
9. 司法公开	2 个二级指标/3 个问题
10. 司法文化	4 个二级指标/5 个问题

64 个问卷题目在专业卷和公众卷两套问卷中的分布，形成 84 个变量，这些变量来自于公众卷（每个省、自治区、直辖市 600 个调查对象）和专业卷（每个省、自治区、直辖市 200 个调查对象）的评估，成为 32 个二级指标得分的最终影响因素。参见表 3。

表 3 司法文明指数 84 个变量在 2 套问卷中的分布情况

二级指标	序 号	问卷题目	专业卷（ZY）	公众卷（GZ）	变 量
1.1 司法权力依法行使	1	在您所在地区，法院参与当地拆迁的可能性有多大？	ZY12		1
	2	在您所在地区，对批捕后的犯罪嫌疑人，如果采取取保候审不至于发生社会危险性的，检察院依法解除逮捕措施或者变更强制措施的可能性有多大？	ZY23		1
1.2 司法权力独立行使	3	在您所在地区，法官办案受到本院领导行政干涉的可能性有多大？	ZY8		1
	4	在您所在地区，法院办案受到党政机关干涉的可能性有多大？	ZY9. 1		1
	5	在您所在地区，检察院办案受到党政机关干涉的可能性有多大？	ZY9. 2		1
1.3 司法权力公正行使	6	在您所在地区，法院公正办案的可能性有多大？	ZY10. 1		1
	7	在您所在地区，检察院公正办案的可能性有多大？	ZY10. 2		1
	8	在您所在地区，公安机关公正办案的可能性有多大？	ZY10. 3		1

续表

二级指标	序　号	问卷题目	专业卷（ZY）	公众卷（GZ）	变　量
1.4 司法权力主体受到信任与认同	9	您对自己所在地区法官的总体满意程度如何？	ZY32.1	GZ4.1	2
	10	您对自己所在地区检察官的总体满意程度如何？	ZY32.2	GZ4.2	2
	11	您对自己所在地区警察的总体满意程度如何？	ZY32.3	GZ4.3	2
1.5 司法裁判受到信任与认同	12	在您所在地区，法庭审判过程公正的可能性有多大？	ZY34.1	GZ6.1	2
	13	在您所在地区，法庭判决结果公正的可能性有多大？	ZY34.2	GZ6.2	2
2.1 当事人享有不被强迫自证其罪的权利	14	在您所在地区的刑事审判中，法官要求被告人提供对己不利证据的可能性有多大？	ZY17		1
2.2 当事人享有获得辩护、代理的权利	15	在您所在地区，律师去检察院阅卷遇到无理阻碍的可能性有多大？	ZY18		1
	16	在您所在地区，被告人如果请不起律师，他/她得到免费法律援助的可能性有多大？		GZ13	1
2.3 当事人享有证据性权利	17	在您所在地区的刑事审判中，被告人要求证人出庭作证时，法官传唤该证人出庭作证的可能性有多大？	ZY19		1
2.4 当事人享有获得救济的权利	18	在您所在地区，对确有错误的民事案件生效判决，法院启动再审程序予以纠正的可能性有多大？	ZY27.1		1
	19	在您所在地区，对确有错误的刑事案件生效判决，法院启动再审程序予以纠正的可能性有多大？	ZY27.2		1
	20	在您所在地区，对确有错误的行政案件生效判决，法院启动再审程序予以纠正的可能性有多大？	ZY27.3		1
3.1 民事审判符合公正要求	21	在您所在地区，法院对民事诉讼中贫富不同的当事人“不偏不倚”的可能性有多大？	ZY11.1		1
	22	在您所在地区，贫富不同的当事人受到法院平等对待的可能性有多大？		GZ11	1
3.2 民事诉讼中的调解自愿、合法	23	在您所在地区的民事诉讼中，法官强迫或变相强迫当事人接受调解的可能性有多大？	ZY20	GZ15	2
3.3 民事诉讼裁判得到有效执行	24	在您所在地区，民事案件生效判决得到有效执行的可能性有多大？	ZY21.1	GZ16.1	2

续表

二级指标	序　号	问卷题目	专业卷（ZY）	公众卷（GZ）	变　量
4.1 侦查措施及时合法	25	在您所在地区，警察对犯罪嫌疑人刑讯逼供的可能性有多大？	ZY15	GZ12	2
	26	在您所在地区，犯罪嫌疑人被超期羁押的可能性有多大？	ZY16		1
	27	在您所在地区，侦查机关滥用权力进行非法监听的可能性有多大？	ZY24		1
	28	在您所在地区，老百姓家里被盗到公安局报案，得到及时受理的可能性有多大？		GZ17.1	1
4.2 审查起诉公正有效	29	在您所在地区，对于公安机关移送审查起诉的案件，检察院经过审查后认为犯罪情节轻微，依照刑法规定不需要判处刑罚或者可以免除刑罚的，对其作出不起诉决定的可能性有多大？	ZY14		1
	30	在您所在地区，对于公安机关移送审查起诉的案件，检察院经审查认为证据不足，直接作出不起诉决定的可能性有多大？	ZY25		1
4.3 刑事审判公正及时有效	31	在您所在地区，刑事案件审判久拖不决的可能性有多大？	ZY26	GZ14	2
	32	在您所在地区，法院对刑事诉讼控辩双方“不偏不倚”的可能性有多大？	ZY11.2		1
5.1 行政审判符合公正要求	33	在您所在地区，法院对行政诉讼原告与被告“不偏不倚”的可能性有多大？	ZY11.3		1
5.2 行政诉讼裁判得到有效执行	34	在您所在地区，行政诉讼中行政机关败诉的生效判决得到有效执行的可能性有多大？	ZY21.2	GZ16.2	2
6.1 证据裁判原则得到贯彻	35	在您所在地区，认定被告人有罪的证据不足，法院“宁可错放，也不错判”的可能性有多大？	ZY29		1
	36	在您所在地区，您觉得“打官司就是打证据”的可能性有多大？	ZY28	GZ18	2
6.2 证据依法得到采纳与排除	37	在您所在地区，在审查起诉时如果发现有利于犯罪嫌疑人的证据，检察院及时调取该证据的可能性有多大？	ZY13		1
	38	辩护律师向法庭申请排除非法口供，并履行了初步证明责任，而公诉人未证明取证合法的，法官排除该证据的可能性有多大？	ZY30		1

续表

二级指标	序　号	问卷题目	专业卷（ZY）	公众卷（GZ）	变　量
6.3 证明过程得到合理规范	39	在您所在地区，庭审经过严格举证、质证程序（不走过场），侦查人员出庭作证才作出判决的可能性有多大？	ZY31.1		1
	40	在您所在地区，律师执业时庭审中的质证权行使受到限制的可能性有多大？	ZY4.2		1
	41	在您所在地区，庭审经过严格举证、质证程序（不走过场），证人证言在法庭上得到质证才作出判决的可能性有多大？	ZY31.2		1
7.1 警察远离腐败	42	在您所在地区，警察办“关系案”的可能性有多大？	ZY6.3		1
	43	在您所在地区，警察收受贿赂的可能性有多大？	ZY7.3	GZ2.3	2
7.2 检察官远离腐败	44	在您所在地区，检察官办“关系案”的可能性有多大？	ZY6.2		1
	45	在您所在地区，检察官收受贿赂的可能性有多大？	ZY7.2	GZ2.2	2
7.3 法官远离腐败	46	在您所在地区，法官办“关系案”的可能性有多大？	ZY6.1		1
	47	在您所在地区，法官收受贿赂的可能性有多大？	ZY7.1	GZ2.1	2
8.1 法律职业人员获得职业培训	48	在过去三年，您获得业务培训的总时长是多少？	ZY1		1
8.2 法律职业人员遵守职业伦理规范	49	在您所在地区，律师存在虚假宣传行为的可能性有多大？	ZY5.1	GZ3.1	2
	50	在您所在地区，律师存在虚假承诺行为的可能性有多大？	ZY5.2	GZ3.2	2
	51	在您所在地区，律师与法官有不正当利益往来的可能性有多大？	ZY5.3	GZ3.3	2
	52	在您所在地区，律师尽职尽责为委托人服务的可能性有多大？	ZY5.4	GZ3.4	2
8.3 法律职业人员享有职业保障	53	您对自己的职务晋升前景的满意程度如何？	ZY2.1		1
	54	您对自己的职业待遇（工资、奖金、福利等）的满意程度如何？	ZY2.2		1
	55	您对履行法定职责保护机制的满意程度如何？	ZY2.3		1
	56	在您所在地区，律师执业时被追究“律师伪证罪”的可能性有多大？	ZY4.3		1

续表

二级指标	序号	问卷题日	专业卷（ZY）	公众卷（GZ）	变量
9.1 司法过程依法公开	57	在您所在地区，法院允许公众旁听审判的可能性有多大？	ZY33.1	GZ5.1	2
9.2 裁判结果依法公开	58	在您所在地区，法院依法及时公开判决书的可能性有多大？	ZY33.2	GZ5.2	2
	59	在您所在地区，判决书对证据采纳与排除的理由予以充分说明的可能性有多大？	ZY33.3		1
10.1 公众参与司法的意识及程度	60	如果有当人民陪审员的机会，您愿意参与法庭审判吗？		GZ1	1
10.2 公众诉诸司法的意识及程度	61	在您所在地区，当矛盾双方无法通过协商、调解等方式解决纠纷时，人们到法院起诉的可能性有多大？		GZ7	1
10.3 公众接受司法裁判的意识及程度	62	假设审判程序没有问题，但判决结果对您不利，您尊重法院判决的可能性有多大？		GZ8	1
10.4 公众接受现代刑罚理念的意识及程度	63	对于在公共场所举行公捕、公判大会，您的总体态度是？		GZ9	1
	64	与枪决相比，您对以注射方式执行死刑的态度是？		GZ10	1

第三章　司法文明指数项目

一、项目概述

司法文明指数项目，是司法文明协同创新中心承担的一项重大研究任务。关于该任务在《“2011 计划”司法文明协同创新中心发展规划（2013～2016）》中作了如下描述：

> “司法文明指数”旨在对司法运作的实际情况进行测量，并为全国司法文明现状提供一种量化评估工具。该任务开辟的新领域和新方法是，将一般司法原则量化，从中衍生出一套由10个维度和54个指标组成的司法文明指标体系，按这些指标设计调查问卷，并在全国31个省市自治区进行问卷调查。在数据统计分析基础上，通过对31个省市自治区的司法文明指数进行排名，来显示该省区司法文明的程度，从定量层面了解司法文明建设的现状、成绩和不足，为加强法治建设提供一面“镜子”，为司法文明建设具体方案的出台提供实证依据。司法文明指数调查分析采取渐进方式。第一年先在全国9个省份试点，东北、华北、华东、中南、西南、西北兼顾。第二年扩大到20个省份，同样兼顾六大区域。第三年在全国31个省市自治区全面铺开。我们将聘请专业调查公司对所有的调查问卷进行统计分析，然后结合司法文明专业知识作出最后研究报告。[1]

从2017年起，司法文明协同创新中心纳入国家“双一流计划”。因此，司法文明指数项目，又成为司法文明协同创新中心承担的建设“世界一流大学、世界一流学科”的一项重大研究任务。

二、项目实施步骤与方法回顾

（一）2014 年项目实施步骤与方法

1. 概念框架和指标体系开发

中国政法大学证据科学研究院发展报告（蓝皮书）编写团队自2009年开始编写出版《中国证

---

〔1〕《“2011 计划”司法文明协同创新中心发展规划（2013～2016）》，2013年6月14日。

据法治发展报告》系列出版物，2011年又开发了“证据法治发展指数”，这些研究工作为司法文明指数概念框架和指标体系的开发奠定了前期工作基础。有关这项工作的开展情况，详见《中国司法文明指数报告2014》[1]。

司法文明指数研究团队自2013年开始借鉴“WJP世界法治指数”、“证据法治发展指数”和国内有关法治评估的研究成果，开发了一个概念框架，并将其逐步概括为10个一级指标和50个二级指标组成的2014年版司法文明指标体系。有关这项工作7次研讨会的情况，详见《中国司法文明指数报告2014》[2]。

2. 指数变量和调查问卷编制

2014年3~7月，本项目研究团队与零点调查公司合作，通过多次深入研讨，开发了一系列体现司法文明指数概念框架、4个领域、10个一级指标和50个二级指标的指标体系。有关这项工作的情况，详见《中国司法文明指数报告2014》[3]。

3. 实地问卷调查与回收

2014年司法文明指数评估，采取客观、中立的方法，坚持大众与行业人士相结合。调查样本既包括普通民众，也包括公检法机关、律师事务所等法律职业群体，因为民众与法律职业人士对司法文明的认知和感受可能有所不同。来自9个省、直辖市的7200人参与了司法文明指数普通人群和职业群体调查。有关这项工作的四个具体步骤，详见《中国司法文明指数报告2014》[4]。

（二）2015年项目实施步骤与方法

与2014年相比，2015年司法文明指数调研方案对指标体系、问卷设计、调查方法等作了如下重大改进：①在保留原来10个一级指标的同时，对一级指标的标题（内容）和排序作了微调；②将原来的50个二级指标减至36个；③将原来的5套调查问卷（公众卷、法官卷、检察官卷、警察卷、律师卷）减至2套（公众卷与专业卷）；④将原来的97个问卷题目重新设计为74个，原来的194个变量减至95个；⑤将原来在9个试点省市的问卷调查扩大到如下20个试点评估省、自治区和直辖市：北京市、山西省、内蒙古自治区、黑龙江省、吉林省、上海市、江苏省、浙江省、安徽省、福建省、山东省、广东省、湖北省、海南省、贵州省、四川省、重庆市、云南省、青海省、宁夏回族自治区；⑥将原来800份问卷（公众卷与专业卷）6∶4的构成比例（公众卷480份，专业卷320份=法官80份+检察官80份+警察80份+律师80份），调整为7.5∶2.5的构成比例（公众卷600份，专业卷200份=法官50份+检察官50份+警察50份+律师50份），使公众卷的比例大幅度提高。

（三）2016年项目实施步骤与方法

与2015年项目在20个省、自治区、直辖市有16 000人参与问卷调查的范围相比，《中国司法文明指数报告2016》扩大到31个省、自治区、直辖市。在每个省、自治区、直辖市发放800份问卷，其中公众卷600份，专业卷200份（法官、检察官、警察和律师各50份）。实际收回有效样本

---

[1] 张保生等：《中国司法文明指数报告2014》，中国政法大学出版社2015年版，第49~52页。
[2] 张保生等：《中国司法文明指数报告2014》，中国政法大学出版社2015年版，第52~53页。
[3] 张保生等：《中国司法文明指数报告2014》，中国政法大学出版社2015年版，第53页。
[4] 张保生等：《中国司法文明指数报告2014》，中国政法大学出版社2015年版，第53~54页。

总量为 24 400 份，其中专业卷样本总量为 5848 份，公众卷样本总量为 18 552 份。

2016 年项目实施的具体措施是：①每个省、自治区在两个以上地区或城市发放问卷（选择省会城市和一个人口较多的城市）；直辖市则选择两个以上的行政区。②在被调查城市随机选择调查单位，尽可能兼顾省级、市级或基层法院、检察院、公安局以及规模不同的律师事务所。③在同一被调查机关（机构），尽可能兼顾不同部门的法官、检察官、警察和律师。④在同一被调查部门，尽可能兼顾不同工作年限的专业人士。⑤在问卷调查时，先由调查员讲解“中国司法文明指数”的内容、意义和调查方法，再由被调查者当场答题。

三、2017 年项目评估方法

（一）问卷调查方法

1. 问卷样本选取方法

《中国司法文明指数报告 2017》数据调查样本既包括普通民众，也包括法官、检察官、警察、律师所构成的法律职业群体。数据调查的公众卷与专业卷的比例为 7.5∶2.5。在每个省、自治区、直辖市发放 800 份问卷，其中公众卷 600 份，专业卷 200 份（法官、检察官、警察和律师各 50 份）。实际收回有效样本总量为 25 857 份，其中专业卷样本总量为 6385 份，公众卷样本总量为 19 472 份。

2. 专业卷数据采集方法

《中国司法文明指数报告 2017》调研专业卷的发放，兼顾了不同的代表性样本。具体措施是：①每个省、自治区在两个以上地区或城市发放问卷（选择省会城市和一个人口较多的城市）；直辖市则选择两个以上的行政区。②在被调查城市随机选择调查单位，尽可能兼顾省级、市级或基层法院、检察院、公安局以及规模不同的律师事务所。③在同一被调查机关（机构），尽可能兼顾不同部门的法官、检察官、警察和律师。④在同一被调查部门，尽可能兼顾不同工作年限的专业人士。⑤在问卷调查时，先由调查员讲解“中国司法文明指数”的内容、意义和调查方法，再由被调查者当场答题。

3. 公众卷数据采集方法

《中国司法文明指数报告 2017》数据采集，在每个省、自治区、直辖市选择 10 位调查员（分别来自 3 个人口最多的城市）。每位调查员需回收 60 份合格问卷，问卷发放的对象是除法律职业者（法官、检察官、警察、律师）之外的社会公众。问卷发放对象的选择有如下要求：

（1）调查样本中男女各半。

（2）调查对象至少要涵盖本问卷问题 Z3 中 13 个职业中的 8 个职业，且每个职业不超过 10 份。

（3）调查对象年满 18 周岁。尽量涵盖 18～30 岁、31～40 岁、41～50 岁、50 岁以上四个年龄段，以保证各年龄段样本量的分布均衡。

（4）调查对象尽量涵盖不同的文化程度，保证从初中到研究生每个学历段至少有 5 个样本。

（二）数据统计分析方法

1. 各级指标赋值及算分方法

《中国司法文明指数报告 2017》的 10 个一级指标赋值各占 10%的比重，并将 10%的比重均分给相应的二级指标；相应地，二级指标的比重又均分给对应的各个题目。具体指标的算分遵循“题目赋分→二级指标得分→一级指标得分”的计算方法。首先，根据赋值原则对 64 个问题逐一赋分。其次，对问题所属的二级指标算分：若二级指标下仅有一道题目，则以该题的均分作为该指标得分；若二级指标下有多道题目，则以多道题目的均分作为该指标得分。最后，在求得各二级指标的得分后，以其均分作为所属一级指标的得分。

2. 专业卷与公众卷数据加权

在二级指标得分计算过程中，对法律职业群体和公众数据作如下加权处理：专业卷与公众卷的权重为5∶5；如有客观指标，则问卷调查得分与客观数据的权重为9∶1。若某个题目在专业卷和公众卷中同时出现，则专业卷与公众卷的权重为5∶5，若某个题目只出现在某个群体中，则用该群体的均分作为所有群体的得分。以省、自治区、直辖市为单位，任何群体中有未答题目者，该人群在该题目上的得分则用该省、自治区、直辖市其余人群在该题目上的平均得分来补齐。

（三）客观指标及其计算

《中国司法文明指数报告 2017》的客观指标数据来源为：各省、自治区、直辖市高级人民法院和人民检察院向省级人民代表大会所做的年度工作报告。

客观指标的赋值方法是：第一，有客观数据对应的二级指标，主客观指标分值比例为 9∶1；无客观数据对应的二级指标，按主观调查问卷得分赋值。第二，客观指标总分 100 分的分配：有客观数据对应的二级指标，但未公布客观数据的省份得 60 分。公布客观数据的省份则分为两种情况：①若该数据不适合排名，公布者皆得 100 分；②若该数据适合排名，按排名情况得分从 100 分依次递减 1 分（例如，适合排名的“一二审服判息诉率”可反映二级指标 10. 3“公众接受司法裁判的意识及程度”，那么，服判息诉率最高的省份得 100 分，第二名得 99 分，以此类推）。详见表 1：

表 1　司法文明指数客观数据与其对应二级指标一览表

客观数据	对应二级指标
依法不批捕的案件数（省检察院年度报告）	1. 1　司法权力依法行使
法定审限内结案率（高级法院年度报告）	3. 1　民事审判符合公正要求
民事判决执结率（高级法院年度报告）	3. 3　民事诉讼裁判得到有效执行
依法不起诉的案件数（省检察院年度报告）	4. 2　审查起诉公正有效
宣告无罪人数（高级法院年度报告）	4. 3　刑事审判公正及时有效
·行政机关败诉率（高级法院年度报告） ·行政机关负责人出庭应诉人次（高级法院年度报告）	5. 1　行政审判符合公正要求
·排除非法证据刑事案件数（高级法院年度报告） ·检察院启动非法证据排除案件数（省检察院年度报告）	6. 2　证据依法得到采纳与排除
一审案件陪审率（高级法院年度报告）	10. 1　公众参与司法的意识及程度
一二审服判息诉率（高级法院年度报告）	10. 3　公众接受司法裁判的意识及程度

第四章　司法文明指数数据报告

第一节　31 个省/自治区/直辖市得分排名分析

2017 年中国司法文明指数问卷调查范围，延续 2016 年的 31 个省/自治区/直辖市。调查结果显示，2017 年 31 个省/自治区/直辖市的司法文明指数平均得分为 70.0 分（满分为 100 分），相较于 2016 年得分 68.2 分上升 1.8 分。2017 年，海南省以 76.2 分排在中国司法文明指数得分第一名，比 2016 年第一名上海市的 70.5 分提高了 5.7 分。2017 年，湖北省以 67.4 分在各省/自治区/直辖市中排名垫底，比 2016 年的最低分（陕西省）63.8 分高出 3.6 分。2017 年中国司法文明指数的省/自治区/直辖市最大分差为 8.8 分，相较于 2016 年的最高分与最低分分差 6.7 分，扩大了 2.1 分。

2017 年，有 12 个省/自治区/直辖市的得分在平均分及以上，包括海南（76.2 分）、浙江（73.1 分）、云南（71.9 分）、上海（71.5 分）、宁夏（71.4 分）、江苏（71.2 分）、山东（71.1 分）、吉林（71.0 分）、青海（71.0 分）、安徽（70.3 分）、河北（70.3 分）、福建（70.0 分），其余 19 个省/自治区/直辖市的得分均在平均分（70.0 分）以下。

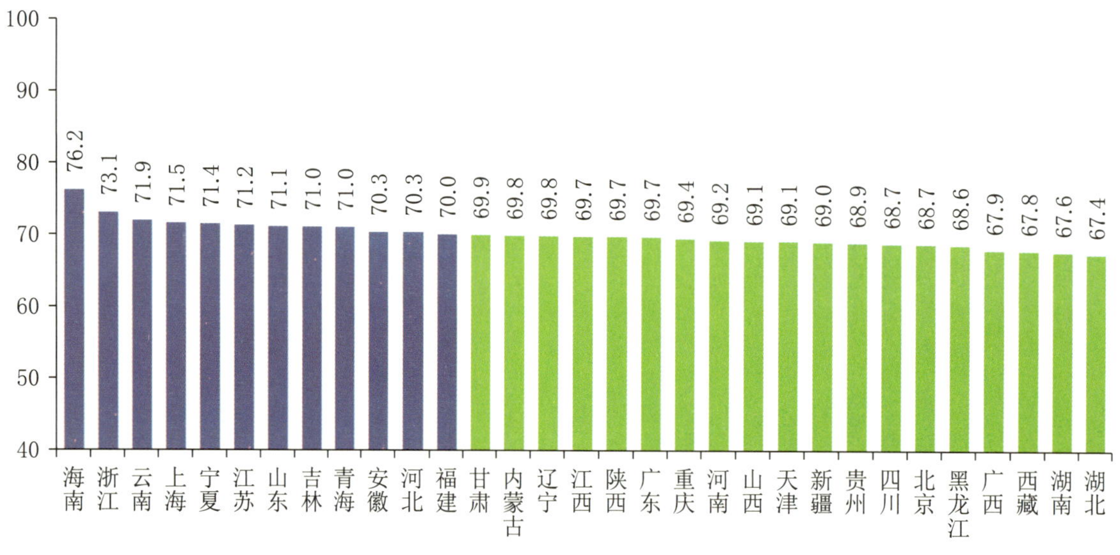

图 1　2017 年 31 个省/自治区/直辖市司法文明指数总得分排名

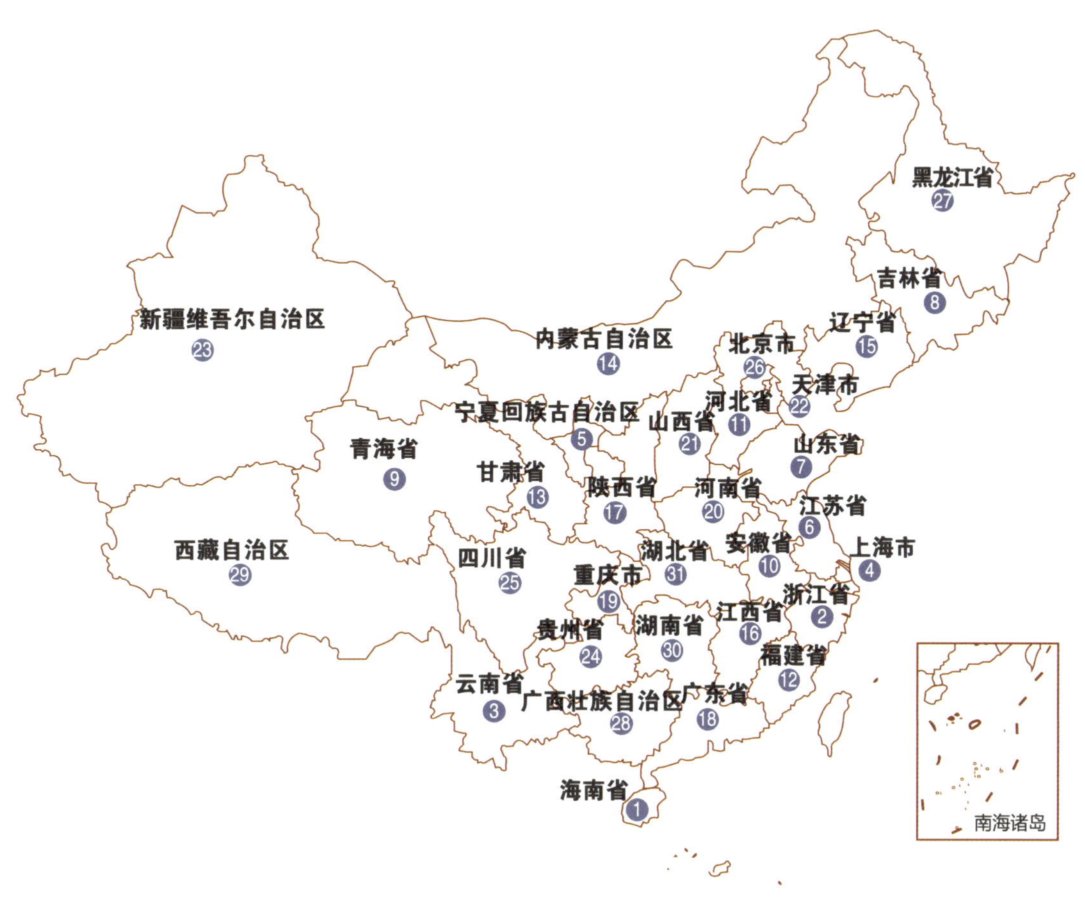

图 2　2017 年 31 个省/自治区/直辖市司法文明指数总得分排名分布图

注：本指数报告中省/自治区/直辖市排名，实际按小数点后 3~7 位数精细计算得出，但由于本报告排名表篇幅有限，仅按小数点后数字四舍五入保留一位显示。例如，吉林省实际得分为 71.03665 分，青海省实际得分为 70.97672 分，虽报告中显示吉林得分（71.0）与青海得分（71.0）相同，但吉林排名（8/31）高于青海排名（9/31）。图 1 和图 2 中因保留小数点后一位数字，使得分看似一样的省份实际排名是有先后之分的。下文，显示得分相同但排名不同的，均属此类情况。

1. 北京市（26/31）

一级指标得分和排名表

序　号	一级指标	得　分	31个省/自治区/直辖市平均分	排　名
指标1	司法权力	69.6	72.0	28/31
指标2	当事人诉讼权利	66.4	69.8	31/31
指标3	民事司法程序	69.4	71.2	29/31
指标4	刑事司法程序	69.7	71.5	27/31
指标5	行政司法程序	70.2	70.9	18/31
指标6	证据制度	67.5	70.2	29/31
指标7	司法腐败遏制	64.4	66.6	24/31
指标8	法律职业化	67.7	64.5	2/31
指标9	司法公开	74.3	75.9	26/31
指标10	司法文化	67.6	66.8	10/31
均　分		68.7	70.0	26/31

二级指标排名表

二级指标	排　名	二级指标	排　名	二级指标	排　名	二级指标	排　名
1.1 司法权力依法行使	8/31	2.4 当事人享有获得救济的权利	22/31	5.2 行政诉讼裁判得到有效执行	22/31	8.2 法律职业人员遵守职业伦理规范	21/31
1.2 司法权力独立行使	27/31	3.1 民事审判符合公正要求	26/31	6.1 证据裁判原则得到贯彻	26/31	8.3 法律职业人员享有职业保障	27/31
1.3 司法权力公正行使	30/31	3.2 民事诉讼中的调解自愿、合法	29/31	6.2 证据依法得到采纳与排除	27/31	9.1 司法过程依法公开	25/31
1.4 司法权力主体受到信任与认同	28/31	3.3 民事诉讼裁判得到有效执行	14/31	6.3 证明过程得到合理规范	29/31	9.2 裁判结果依法公开	25/31
1.5 司法裁判受到信任与认同	24/31	4.1 侦查措施及时合法	31/31	7.1 警察远离腐败	27/31	10.1 公众参与司法的意识及程度	15/31
2.1 当事人享有不被强迫自证其罪的权利	31/31	4.2 审查起诉公正有效	16/31	7.2 检察官远离腐败	24/31	10.2 公众诉诸司法的意识及程度	7/31
2.2 当事人享有获得辩护、代理的权利	29/31	4.3 刑事审判公正及时有效	20/31	7.3 法官远离腐败	21/31	10.3 公众接受司法裁判的意识及程度	25/31
2.3 当事人享有证据性权利	30/31	5.1 行政审判符合公正要求	15/31	8.1 法律职业人员获得职业培训	1/31	10.4 公众接受现代刑罚理念的意识及程度	1/31

一级指标得分

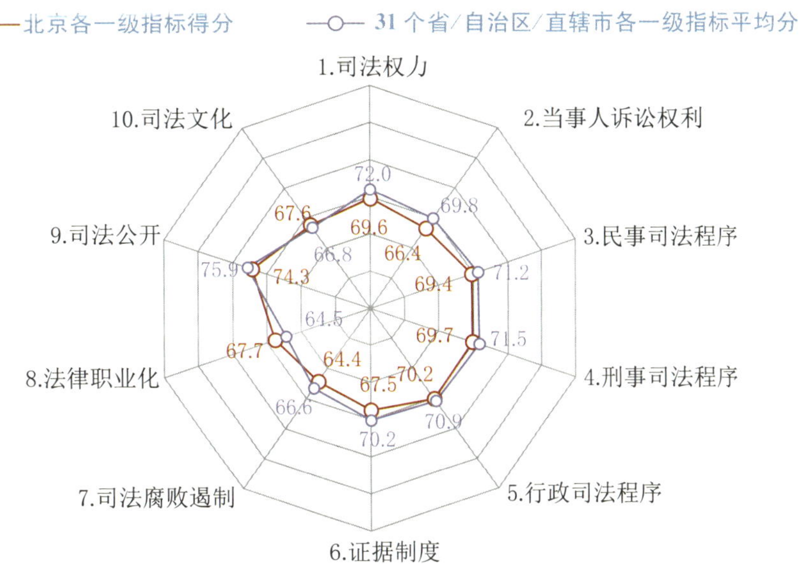

二级指标得分

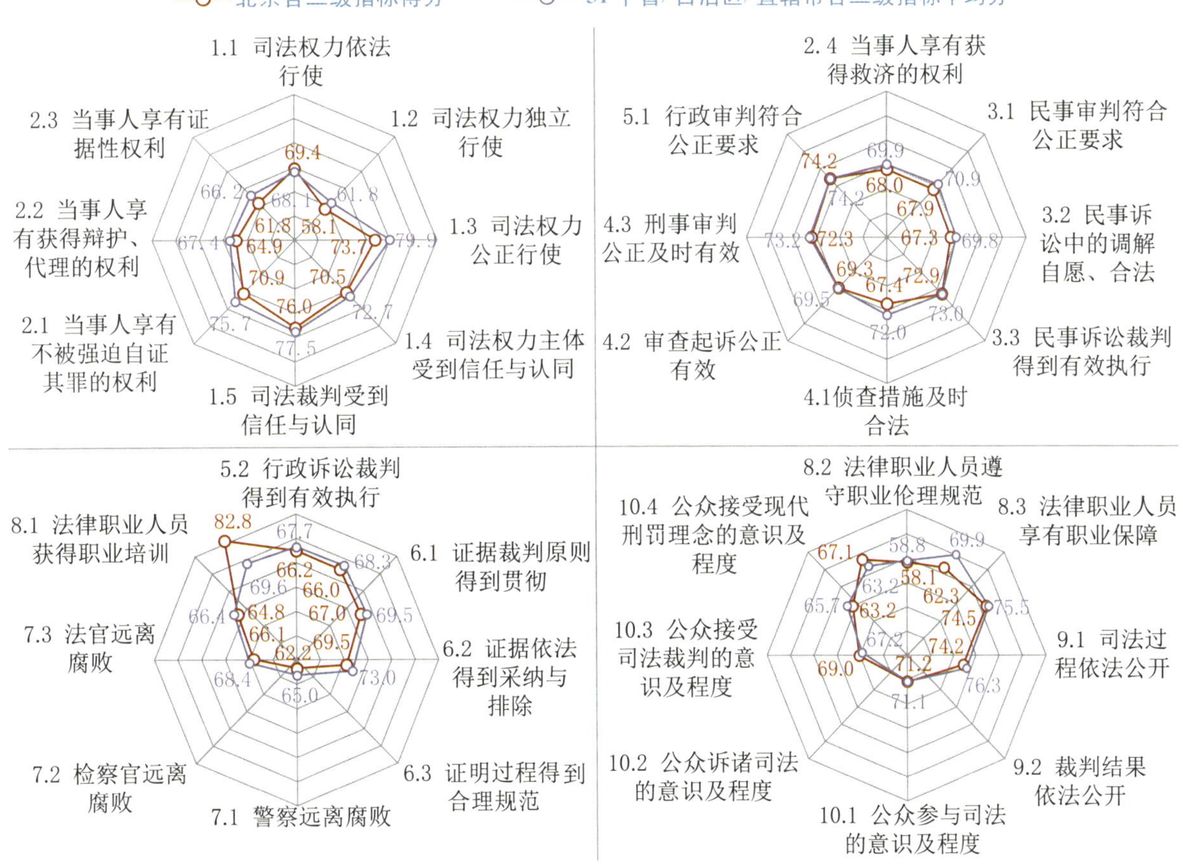

注：（1）雷达图中，红线表示31个省/自治区/直辖市各二级指标得分；蓝线表示31个省/自治区/直辖市各二级指标平均分，下同。

（2）雷达图的中心点（起始值）为40.0分，最外圈（最大值）为100.0分，等距同心圈间隔为10分，下同。

2. 天津市（22/31）

一级指标得分和排名表

序　号	一级指标	得　分	31个省/自治区/直辖市平均分	排　名
指标1	司法权力	70.6	72.0	20/31
指标2	当事人诉讼权利	68.0	69.8	28/31
指标3	民事司法程序	71.8	71.2	12/31
指标4	刑事司法程序	71.6	71.5	17/31
指标5	行政司法程序	71.7	70.9	9/31
指标6	证据制度	68.8	70.2	23/31
指标7	司法腐败遏制	64.0	66.6	25/31
指标8	法律职业化	63.3	64.5	24/31
指标9	司法公开	73.0	75.9	29/31
指标10	司法文化	67.7	66.8	8/31
均　分		69.1	70.0	22/31

二级指标排名表

二级指标	排　名	二级指标	排　名	二级指标	排　名	二级指标	排　名
1.1 司法权力依法行使	30/31	2.4 当事人享有获得救济的权利	31/31	5.2 行政诉讼裁判得到有效执行	12/31	8.2 法律职业人员遵守职业伦理规范	29/31
1.2 司法权力独立行使	19/31	3.1 民事审判符合公正要求	7/31	6.1 证据裁判原则得到贯彻	30/31	8.3 法律职业人员享有职业保障	11/31
1.3 司法权力公正行使	12/31	3.2 民事诉讼中的调解自愿、合法	31/31	6.2 证据依法得到采纳与排除	18/31	9.1 司法过程依法公开	29/31
1.4 司法权力主体受到信任与认同	20/31	3.3 民事诉讼裁判得到有效执行	7/31	6.3 证明过程得到合理规范	11/31	9.2 裁判结果依法公开	28/31
1.5 司法裁判受到信任与认同	12/31	4.1 侦查措施及时合法	9/31	7.1 警察远离腐败	24/31	10.1 公众参与司法的意识及程度	10/31
2.1 当事人享有不被强迫自证其罪的权利	29/31	4.2 审查起诉公正有效	20/31	7.2 检察官远离腐败	22/31	10.2 公众诉诸司法的意识及程度	9/31
2.2 当事人享有获得辩护、代理的权利	6/31	4.3 刑事审判公正及时有效	13/31	7.3 法官远离腐败	27/31	10.3 公众接受司法裁判的意识及程度	8/31
2.3 当事人享有证据性权利	16/31	5.1 行政审判符合公正要求	7/31	8.1 法律职业人员获得职业培训	19/31	10.4 公众接受现代刑罚理念的意识及程度	24/31

一级指标得分

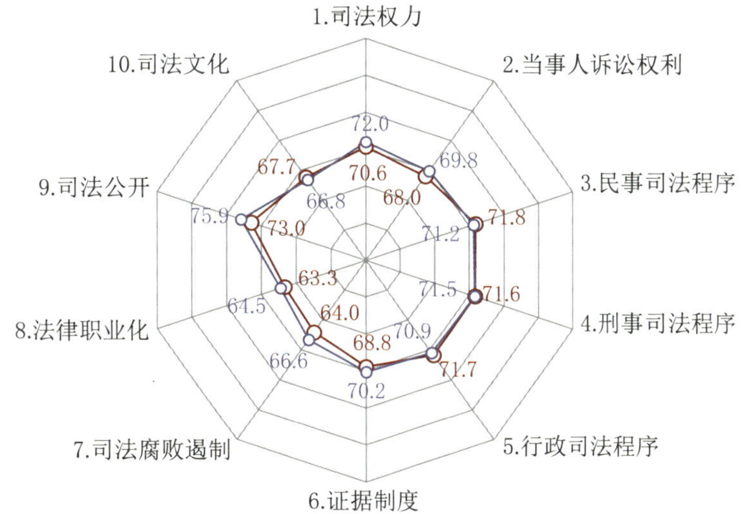

二级指标得分

天津各二级指标得分　　31个省/自治区/直辖市各二级指标平均分

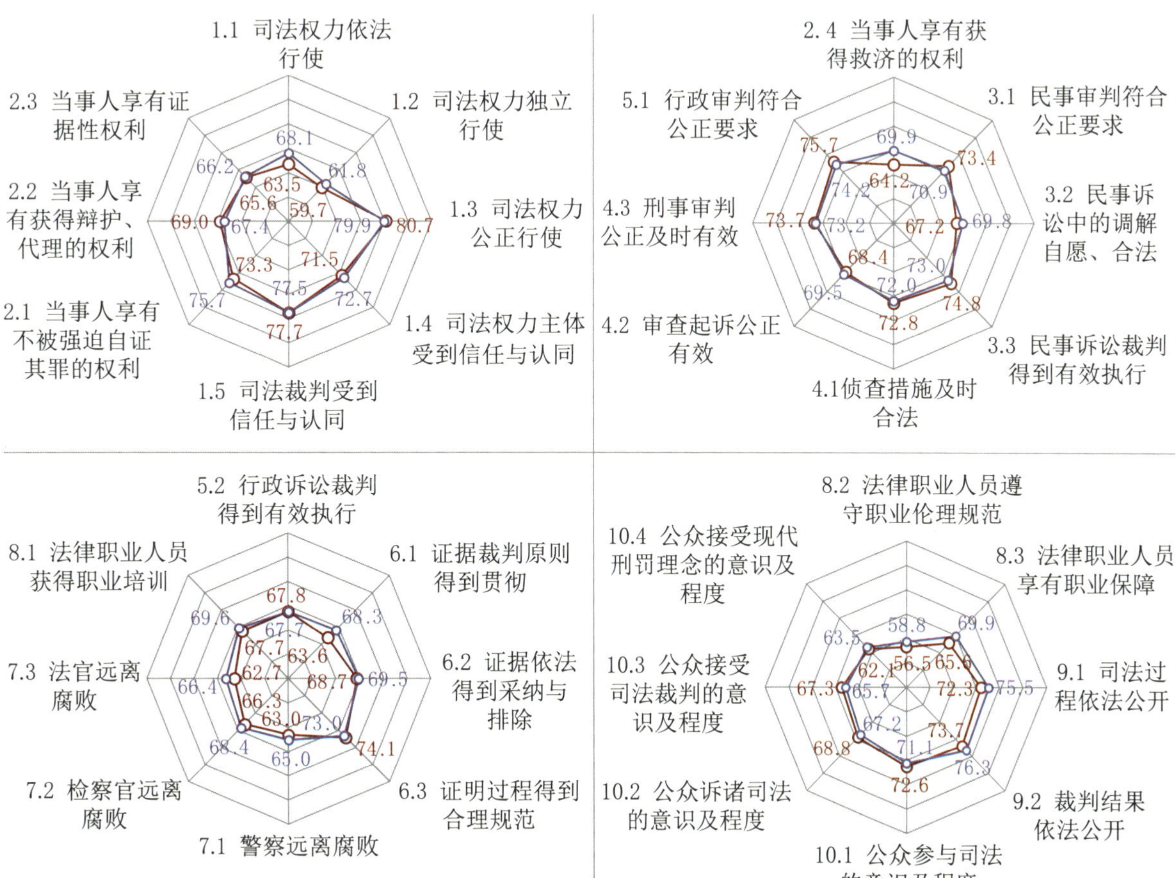

3. 河北省（11/31）

一级指标得分和排名表

序　号	一级指标	得　分	31个省/自治区/直辖市平均分	排　名
指标1	司法权力	72.6	72.0	10/31
指标2	当事人诉讼权利	70.4	69.8	11/31
指标3	民事司法程序	70.7	71.2	17/31
指标4	刑事司法程序	72.5	71.5	6/31
指标5	行政司法程序	71.8	70.9	8/31
指标6	证据制度	71.6	70.2	8/31
指标7	司法腐败遏制	65.3	66.6	21/31
指标8	法律职业化	65.3	64.5	11/31
指标9	司法公开	76.0	75.9	16/31
指标10	司法文化	66.2	66.8	22/31
均　分		70.3	70.0	11/31

二级指标排名表

二级指标	排　名	二级指标	排　名	二级指标	排　名	二级指标	排　名
1.1 司法权力依法行使	13/31	2.4 当事人享有获得救济的权利	8/31	5.2 行政诉讼裁判得到有效执行	21/31	8.2 法律职业人员遵守职业伦理规范	15/31
1.2 司法权力独立行使	4/31	3.1 民事审判符合公正要求	24/31	6.1 证据裁判原则得到贯彻	7/31	8.3 法律职业人员享有职业保障	3/31
1.3 司法权力公正行使	19/31	3.2 民事诉讼中的调解自愿、合法	5/31	6.2 证据依法得到采纳与排除	8/31	9.1 司法过程依法公开	21/31
1.4 司法权力主体受到信任与认同	9/31	3.3 民事诉讼裁判得到有效执行	19/31	6.3 证明过程得到合理规范	8/31	9.2 裁判结果依法公开	13/31
1.5 司法裁判受到信任与认同	15/31	4.1 侦查措施及时合法	15/31	7.1 警察远离腐败	21/31	10.1 公众参与司法的意识及程度	27/31
2.1 当事人享有不被强迫自证其罪的权利	6/31	4.2 审查起诉公正有效	17/31	7.2 检察官远离腐败	19/31	10.2 公众诉诸司法的意识及程度	20/31
2.2 当事人享有获得辩护、代理的权利	16/31	4.3 刑事审判公正及时有效	5/31	7.3 法官远离腐败	22/31	10.3 公众接受司法裁判的意识及程度	18/31
2.3 当事人享有证据性权利	19/31	5.1 行政审判符合公正要求	5/31	8.1 法律职业人员获得职业培训	20/31	10.4 公众接受现代刑罚理念的意识及程度	5/31

一级指标得分

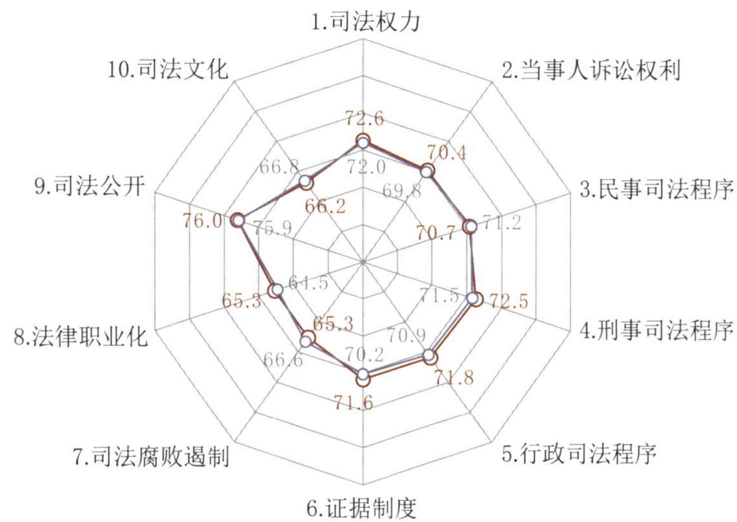

二级指标得分

河北各二级指标得分

31 个省/自治区/直辖市各二级指标平均分

1.1 司法权力依法行使
1.2 司法权力独立行使
1.3 司法权力公正行使
1.4 司法权力主体受到信任与认同
1.5 司法裁判受到信任与认同
2.1 当事人享有不被强迫自证其罪的权利
2.2 当事人享有获得辩护、代理的权利
2.3 当事人享有证据性权利
68.7
68.1
65.3
61.8
78.4
79.9
73.3
72.7
77.4
77.5
77.6
75.7
67.5
67.4
65.5
66.2

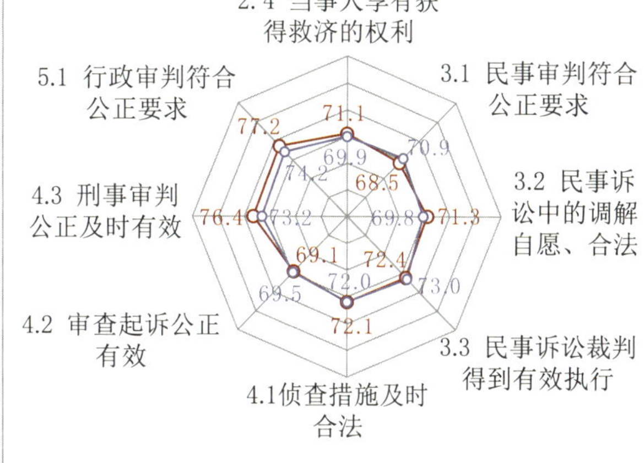

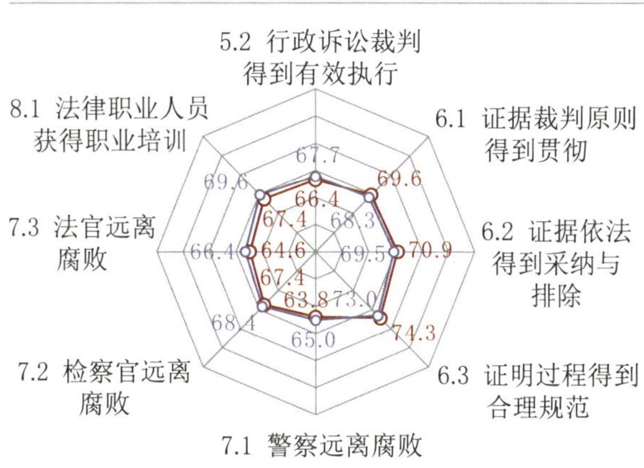

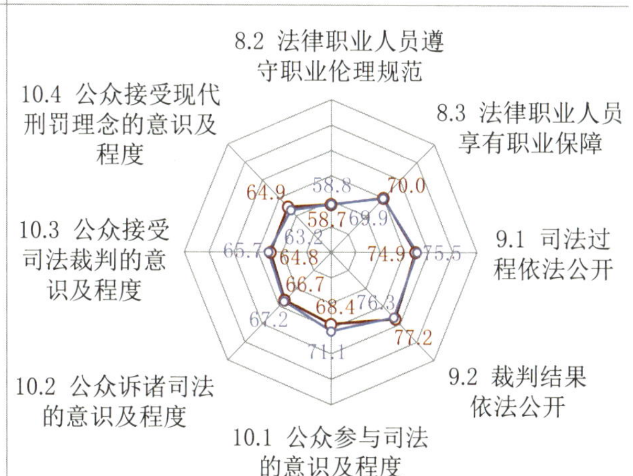

4. 山西省（21/31）

一级指标得分和排名表

序　号	一级指标	得　分	31个省/自治区/直辖市平均分	排　名
指标1	司法权力	70.9	72.0	18/31
指标2	当事人诉讼权利	68.8	69.8	23/31
指标3	民事司法程序	69.4	71.2	28/31
指标4	刑事司法程序	72.0	71.5	13/31
指标5	行政司法程序	70.2	70.9	20/31
指标6	证据制度	70.1	70.2	15/31
指标7	司法腐败遏制	66.2	66.6	15/31
指标8	法律职业化	61.5	64.5	30/31
指标9	司法公开	75.9	75.9	18/31
指标10	司法文化	65.9	66.8	24/31
均　分		69.1	70.0	21/31

二级指标排名表

二级指标	排　名	二级指标	排　名	二级指标	排　名	二级指标	排　名
1.1 司法权力依法行使	25/31	2.4 当事人享有获得救济的权利	27/31	5.2 行政诉讼裁判得到有效执行	18/31	8.2 法律职业人员遵守职业伦理规范	17/31
1.2 司法权力独立行使	18/31	3.1 民事审判符合公正要求	31/31	6.1 证据裁判原则得到贯彻	17/31	8.3 法律职业人员享有职业保障	28/31
1.3 司法权力公正行使	14/31	3.2 民事诉讼中的调解自愿、合法	19/31	6.2 证据依法得到采纳与排除	20/31	9.1 司法过程依法公开	16/31
1.4 司法权力主体受到信任与认同	16/31	3.3 民事诉讼裁判得到有效执行	20/31	6.3 证明过程得到合理规范	10/31	9.2 裁判结果依法公开	19/31
1.5 司法裁判受到信任与认同	21/31	4.1 侦查措施及时合法	10/31	7.1 警察远离腐败	8/31	10.1 公众参与司法的意识及程度	21/31
2.1 当事人享有不被强迫自证其罪的权利	3/31	4.2 审查起诉公正有效	15/31	7.2 检察官远离腐败	20/31	10.2 公众诉诸司法的意识及程度	5/31
2.2 当事人享有获得辩护、代理的权利	27/31	4.3 刑事审判公正及时有效	12/31	7.3 法官远离腐败	16/31	10.3 公众接受司法裁判的意识及程度	28/31
2.3 当事人享有证据性权利	21/31	5.1 行政审判符合公正要求	19/31	8.1 法律职业人员获得职业培训	26/31	10.4 公众接受现代刑罚理念的意识及程度	28/31

一级指标得分

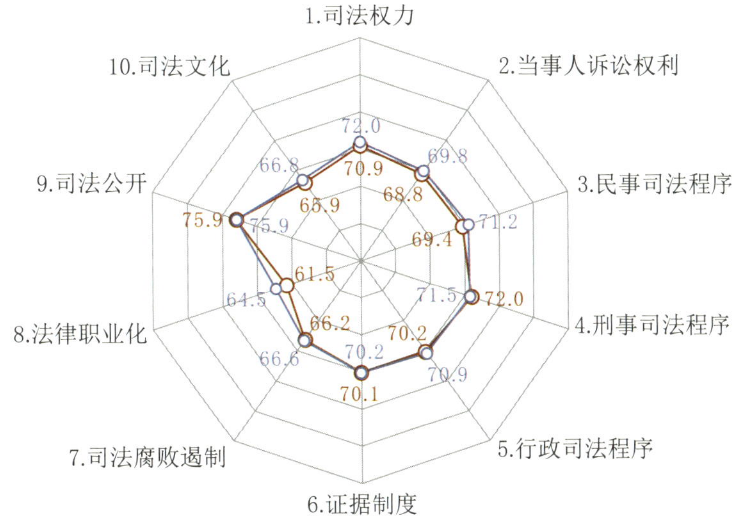

二级指标得分

山西各二级指标得分

31个省/自治区/直辖市各二级指标平均分

1.1 司法权力依法行使

1.2 司法权力独立行使

1.3 司法权力公正行使

1.4 司法权力主体受到信任与认同

1.5 司法裁判受到信任与认同

2.1 当事人享有不被强迫自证其罪的权利

2.2 当事人享有获得辩护、代理的权利

2.3 当事人享有证据性权利

68.1 66.0 61.8 59.8 79.9 80.3 71.9 72.7 76.5 77.5 75.7 78.0 67.4 65.6 64.7 66.2

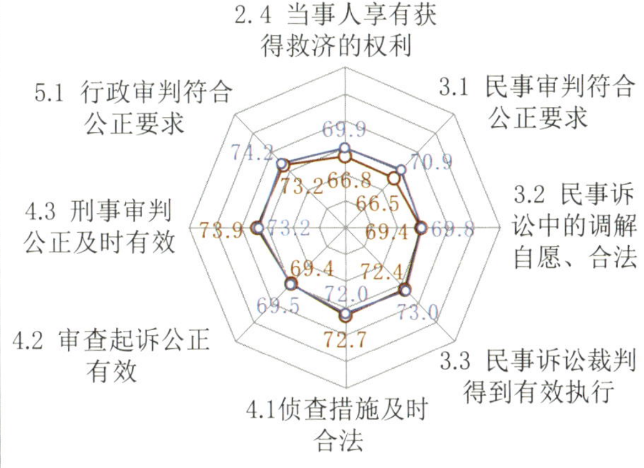

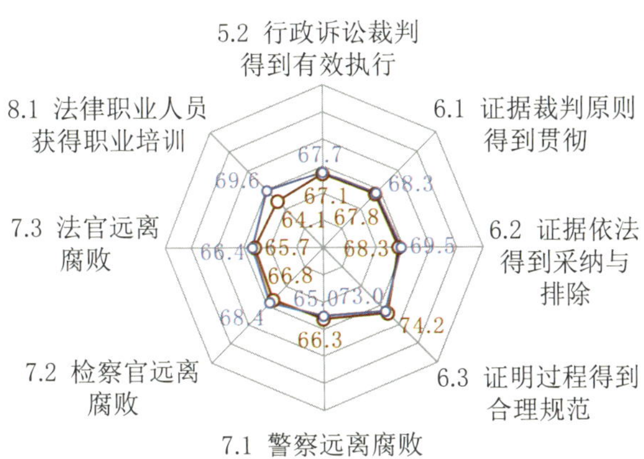

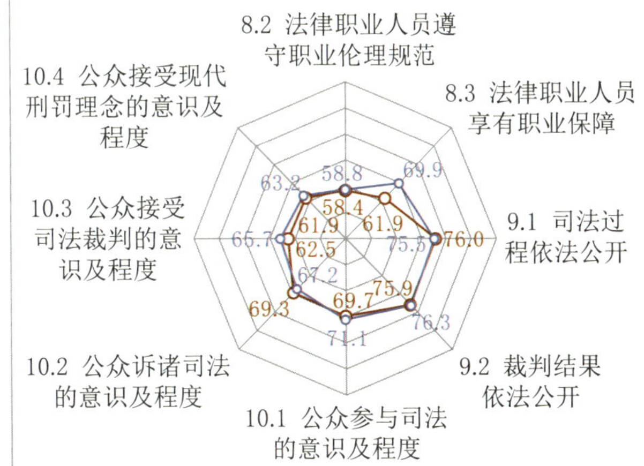

5. 内蒙古自治区（14/31）

一级指标得分和排名表

序　号	一级指标	得　分	31个省/自治区/直辖市平均分	排　名
指标1	司法权力	72.4	72.0	12/31
指标2	当事人诉讼权利	70.0	69.8	14/31
指标3	民事司法程序	71.2	71.2	14/31
指标4	刑事司法程序	71.7	71.5	16/31
指标5	行政司法程序	69.8	70.9	23/31
指标6	证据制度	69.5	70.2	20/31
指标7	司法腐败遏制	66.1	66.6	16/31
指标8	法律职业化	63.6	64.5	21/31
指标9	司法公开	76.9	75.9	11/31
指标10	司法文化	67.0	66.8	16/31
均　　分		69.8	70.0	14/31

二级指标排名表

二级指标	排　名	二级指标	排　名	二级指标	排　名	二级指标	排　名
1.1 司法权力依法行使	15/31	2.4 当事人享有获得救济的权利	14/31	5.2 行政诉讼裁判得到有效执行	20/31	8.2 法律职业人员遵守职业伦理规范	12/31
1.2 司法权力独立行使	9/31	3.1 民事审判符合公正要求	20/31	6.1 证据裁判原则得到贯彻	22/31	8.3 法律职业人员享有职业保障	16/31
1.3 司法权力公正行使	13/31	3.2 民事诉讼中的调解自愿、合法	16/31	6.2 证据依法得到采纳与排除	25/31	9.1 司法过程依法公开	12/31
1.4 司法权力主体受到信任与认同	8/31	3.3 民事诉讼裁判得到有效执行	8/31	6.3 证明过程得到合理规范	9/31	9.2 裁判结果依法公开	11/31
1.5 司法裁判受到信任与认同	13/31	4.1 侦查措施及时合法	12/31	7.1 警察远离腐败	19/31	10.1 公众参与司法的意识及程度	20/31
2.1 当事人享有不被强迫自证其罪的权利	19/31	4.2 审查起诉公正有效	23/31	7.2 检察官远离腐败	16/31	10.2 公众诉诸司法的意识及程度	14/31
2.2 当事人享有获得辩护、代理的权利	24/31	4.3 刑事审判公正及时有效	9/31	7.3 法官远离腐败	15/31	10.3 公众接受司法裁判的意识及程度	12/31
2.3 当事人享有证据性权利	7/31	5.1 行政审判符合公正要求	21/31	8.1 法律职业人员获得职业培训	23/31	10.4 公众接受现代刑罚理念的意识及程度	13/31

一级指标得分

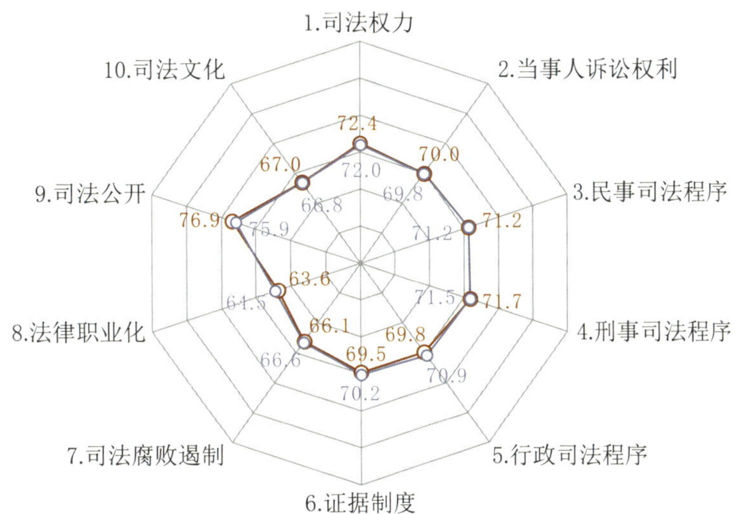

二级指标得分

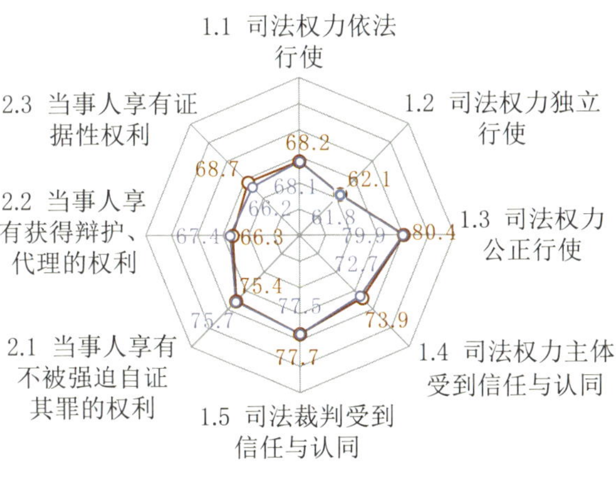

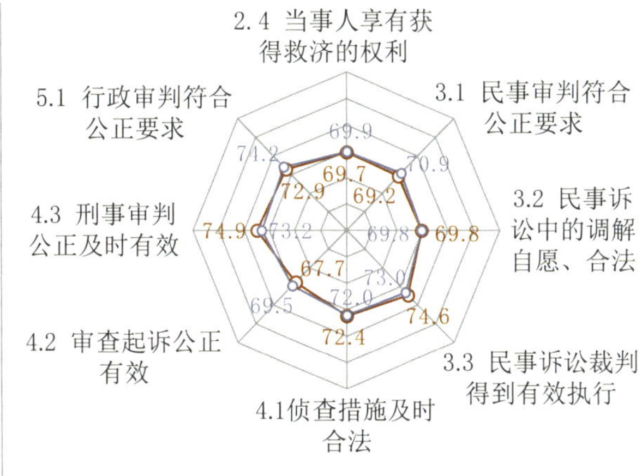

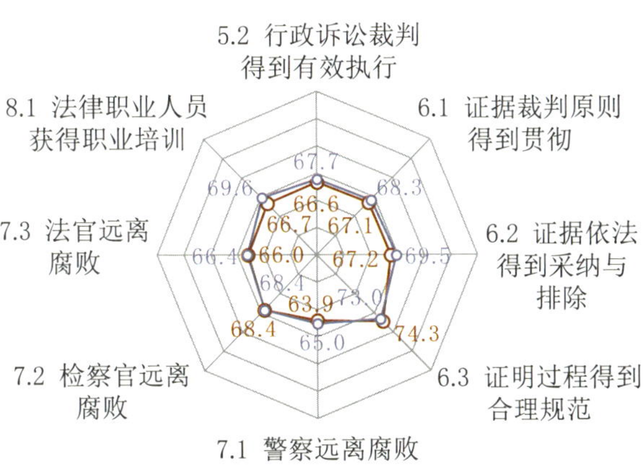

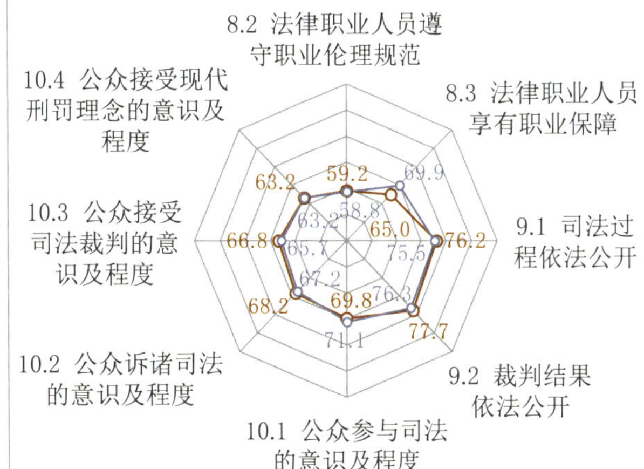

6. 辽宁省（15/31）

一级指标得分和排名表

序　号	一级指标	得　分	31个省/自治区/直辖市平均分	排　名
指标1	司法权力	71.7	72.0	15/31
指标2	当事人诉讼权利	70.1	69.8	13/31
指标3	民事司法程序	72.0	71.2	9/31
指标4	刑事司法程序	70.4	71.5	20/31
指标5	行政司法程序	70.2	70.9	19/31
指标6	证据制度	68.6	70.2	26/31
指标7	司法腐败遏制	63.7	66.6	27/31
指标8	法律职业化	67.3	64.5	3/31
指标9	司法公开	76.6	75.9	13/31
指标10	司法文化	67.4	66.8	13/31
均　分		69.8	70.0	15/31

二级指标排名表

二级指标	排　名	二级指标	排　名	二级指标	排　名	二级指标	排　名
1.1 司法权力依法行使	12/31	2.4 当事人享有获得救济的权利	17/31	5.2 行政诉讼裁判得到有效执行	4/31	8.2 法律职业人员遵守职业伦理规范	19/31
1.2 司法权力独立行使	17/31	3.1 民事审判符合公正要求	6/31	6.1 证据裁判原则得到贯彻	20/31	8.3 法律职业人员享有职业保障	20/31
1.3 司法权力公正行使	23/31	3.2 民事诉讼中的调解自愿、合法	6/31	6.2 证据依法得到采纳与排除	26/31	9.1 司法过程依法公开	7/31
1.4 司法权力主体受到信任与认同	13/31	3.3 民事诉讼裁判得到有效执行	25/31	6.3 证明过程得到合理规范	25/31	9.2 裁判结果依法公开	16/31
1.5 司法裁判受到信任与认同	9/31	4.1 侦查措施及时合法	11/31	7.1 警察远离腐败	28/31	10.1 公众参与司法的意识及程度	7/31
2.1 当事人享有不被强迫自证其罪的权利	14/31	4.2 审查起诉公正有效	30/31	7.2 检察官远离腐败	26/31	10.2 公众诉诸司法的意识及程度	6/31
2.2 当事人享有获得辩护、代理的权利	15/31	4.3 刑事审判公正及时有效	16/31	7.3 法官远离腐败	25/31	10.3 公众接受司法裁判的意识及程度	24/31
2.3 当事人享有证据性权利	8/31	5.1 行政审判符合公正要求	28/31	8.1 法律职业人员获得职业培训	2/31	10.4 公众接受现代刑罚理念的意识及程度	14/31

一级指标得分

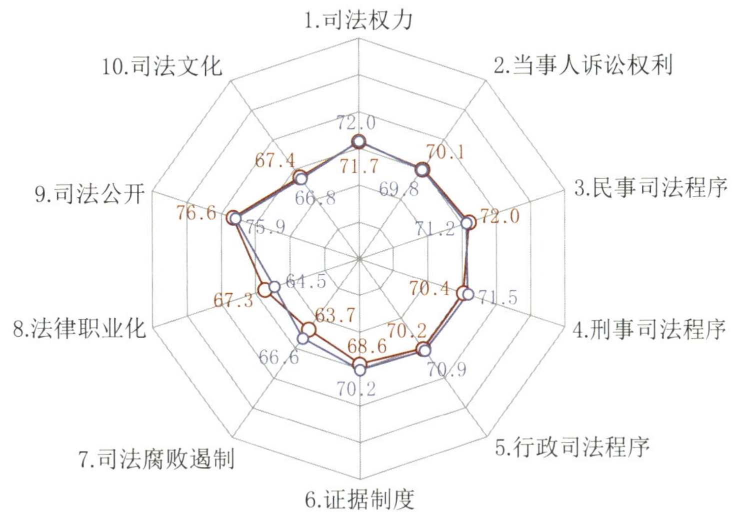

二级指标得分

辽宁各二级指标得分　31个省/自治区/直辖市各二级指标平均分

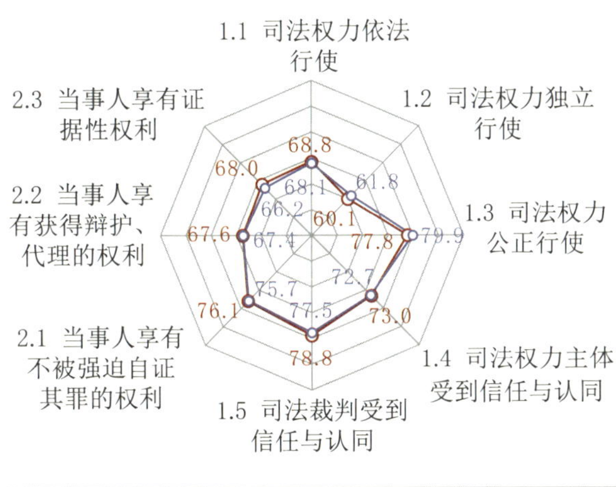

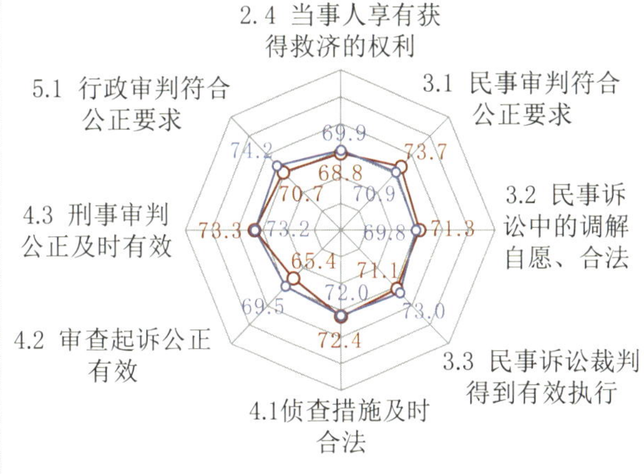

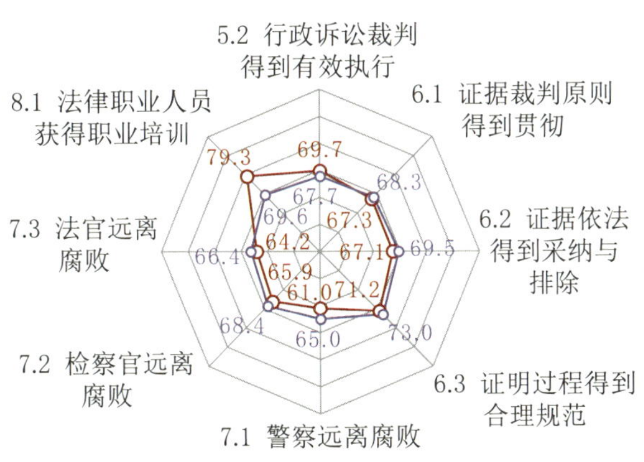

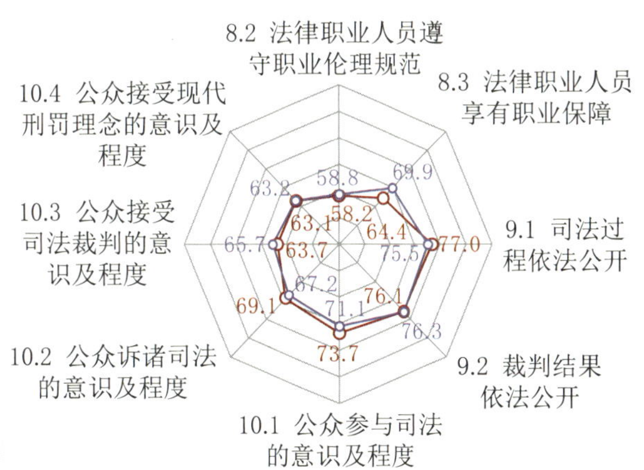

7. 吉林省（8/31）

一级指标得分和排名表

序　号	一级指标	得　分	31个省/自治区/直辖市平均分	排　名
指标1	司法权力	73.2	72.0	5/31
指标2	当事人诉讼权利	72.1	69.8	3/31
指标3	民事司法程序	72.0	71.2	10/31
指标4	刑事司法程序	72.3	71.5	9/31
指标5	行政司法程序	70.4	70.9	16/31
指标6	证据制度	73.0	70.2	4/31
指标7	司法腐败遏制	66.0	66.6	18/31
指标8	法律职业化	66.1	64.5	7/31
指标9	司法公开	77.3	75.9	10/31
指标10	司法文化	68.1	66.8	6/31
均　分		71.0	70.0	8/31

二级指标排名表

二级指标	排　名	二级指标	排　名	二级指标	排　名	二级指标	排　名
1.1 司法权力依法行使	17/31	2.4 当事人享有获得救济的权利	3/31	5.2 行政诉讼裁判得到有效执行	11/31	8.2 法律职业人员遵守职业伦理规范	7/31
1.2 司法权力独立行使	6/31	3.1 民事审判符合公正要求	9/31	6.1 证据裁判原则得到贯彻	10/31	8.3 法律职业人员享有职业保障	5/31
1.3 司法权力公正行使	6/31	3.2 民事诉讼中的调解自愿、合法	7/31	6.2 证据依法得到采纳与排除	3/31	9.1 司法过程依法公开	18/31
1.4 司法权力主体受到信任与认同	12/31	3.3 民事诉讼裁判得到有效执行	21/31	6.3 证明过程得到合理规范	5/31	9.2 裁判结果依法公开	7/31
1.5 司法裁判受到信任与认同	10/31	4.1 侦查措施及时合法	16/31	7.1 警察远离腐败	14/31	10.1 公众参与司法的意识及程度	17/31
2.1 当事人享有不被强迫自证其罪的权利	12/31	4.2 审查起诉公正有效	14/31	7.2 检察官远离腐败	17/31	10.2 公众诉诸司法的意识及程度	17/31
2.2 当事人享有获得辩护、代理的权利	21/31	4.3 刑事审判公正及时有效	8/31	7.3 法官远离腐败	18/31	10.3 公众接受司法裁判的意识及程度	5/31
2.3 当事人享有证据性权利	1/31	5.1 行政审判符合公正要求	22/31	8.1 法律职业人员获得职业培训	14/31	10.4 公众接受现代刑罚理念的意识及程度	6/31

一级指标得分

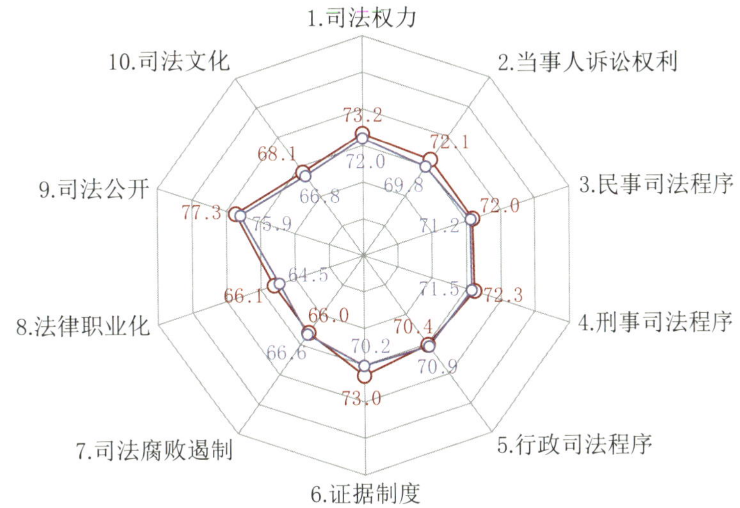

二级指标得分

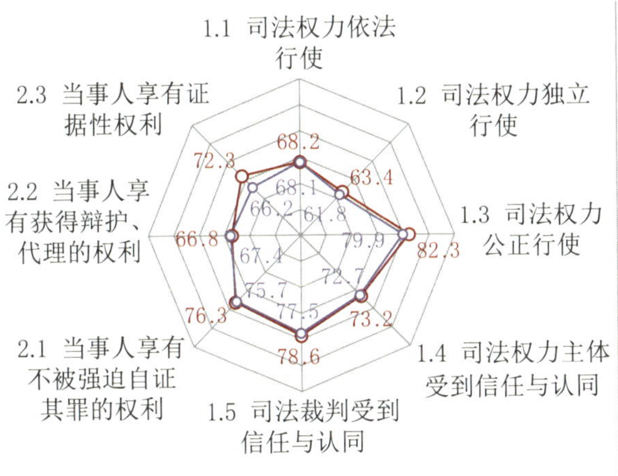

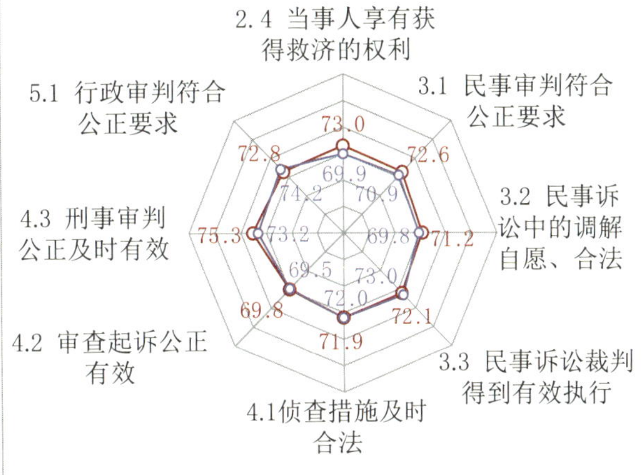

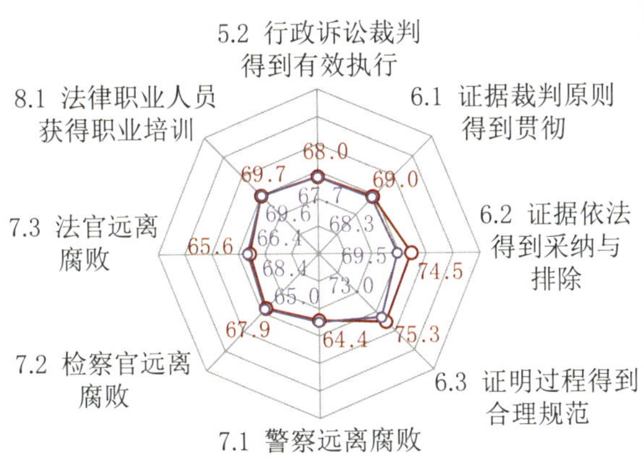

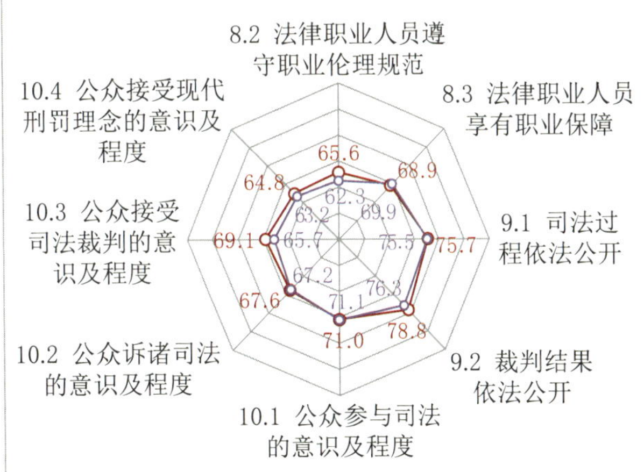

8. 黑龙江省（27/31）

一级指标得分和排名表

序　号	一级指标	得　分	31个省/自治区/直辖市平均分	排　名
指标1	司法权力	70.5	72.0	21/31
指标2	当事人诉讼权利	69.1	69.8	21/31
指标3	民事司法程序	69.6	71.2	26/31
指标4	刑事司法程序	69.9	71.5	24/31
指标5	行政司法程序	70.3	70.9	17/31
指标6	证据制度	68.5	70.2	27/31
指标7	司法腐败遏制	63.5	66.6	28/31
指标8	法律职业化	63.3	64.5	25/31
指标9	司法公开	76.4	75.9	14/31
指标10	司法文化	64.7	66.8	29/31
均　分		68.6	70.0	27/31

二级指标排名表

二级指标	排　名	二级指标	排　名	二级指标	排　名	二级指标	排　名
1.1 司法权力依法行使	20/31	2.4 当事人享有获得救济的权利	20/31	5.2 行政诉讼裁判得到有效执行	6/31	8.2 法律职业人员遵守职业伦理规范	16/31
1.2 司法权力独立行使	7/31	3.1 民事审判符合公正要求	25/31	6.1 证据裁判原则得到贯彻	31/31	8.3 法律职业人员享有职业保障	18/31
1.3 司法权力公正行使	29/31	3.2 民事诉讼中的调解自愿、合法	26/31	6.2 证据依法得到采纳与排除	11/31	9.1 司法过程依法公开	8/31
1.4 司法权力主体受到信任与认同	31/31	3.3 民事诉讼裁判得到有效执行	12/31	6.3 证明过程得到合理规范	23/31	9.2 裁判结果依法公开	18/31
1.5 司法裁判受到信任与认同	22/31	4.1 侦查措施及时合法	20/31	7.1 警察远离腐败	23/31	10.1 公众参与司法的意识及程度	26/31
2.1 当事人享有不被强迫自证其罪的权利	27/31	4.2 审查起诉公正有效	29/31	7.2 检察官远离腐败	28/31	10.2 公众诉诸司法的意识及程度	22/31
2.2 当事人享有获得辩护、代理的权利	9/31	4.3 刑事审判公正及时有效	18/31	7.3 法官远离腐败	29/31	10.3 公众接受司法裁判的意识及程度	31/31
2.3 当事人享有证据性权利	17/31	5.1 行政审判符合公正要求	27/31	8.1 法律职业人员获得职业培训	24/31	10.4 公众接受现代刑罚理念的意识及程度	19/31

一级指标得分

31 个省/自治区/直辖市各一级指标平均分

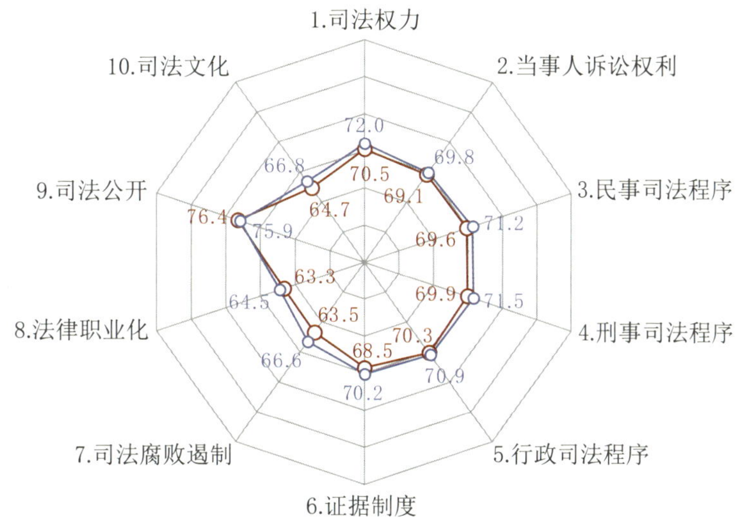

二级指标得分

黑龙江各二级指标得分

31 个省/自治区/直辖市各二级指标平均分

1.1 司法权力依法行使
1.2 司法权力独立行使
1.3 司法权力公正行使
1.4 司法权力主体受到信任与认同
1.5 司法裁判受到信任与认同
2.1 当事人享有不被强迫自证其罪的权利
2.2 当事人享有获得辩护、代理的权利
2.3 当事人享有证据性权利
68.1
66.7
63.2
61.8
79.9
75.8
72.7
70.2
77.5
76.5
75.7
73.9
67.4
68.4
65.5
66.2

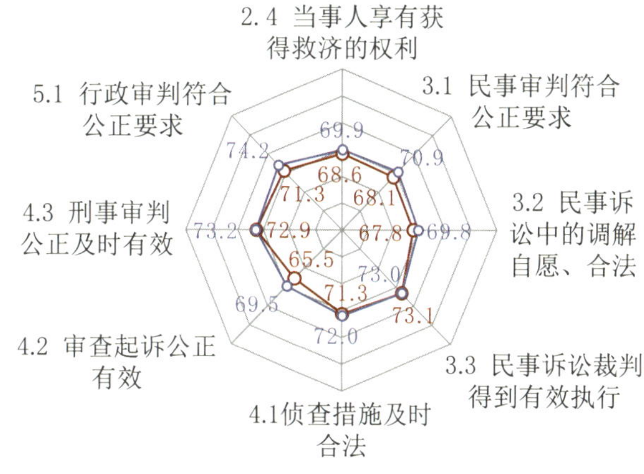

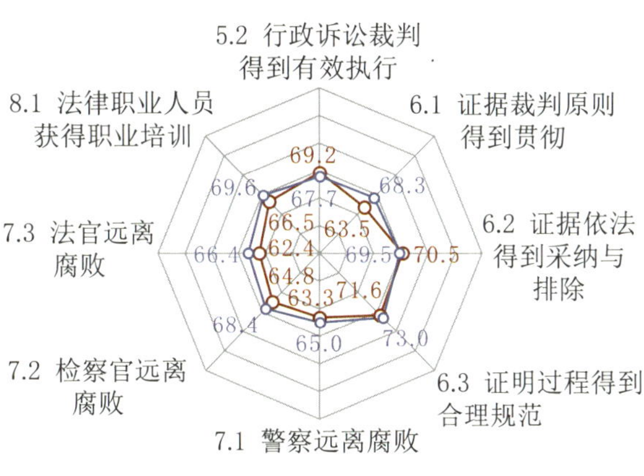

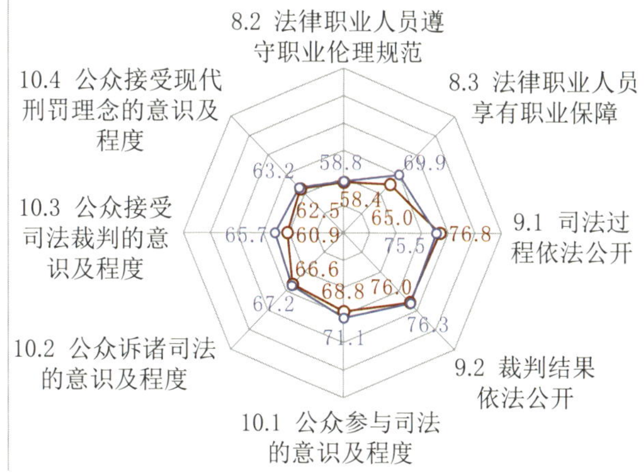

9. 上海市（4/31）

一级指标得分和排名表

序　号	一级指标	得　分	31个省/自治区/直辖市平均分	排　名
指标1	司法权力	72.4	72.0	13/31
指标2	当事人诉讼权利	71.3	69.8	7/31
指标3	民事司法程序	73.8	71.2	3/31
指标4	刑事司法程序	73.8	71.5	3/31
指标5	行政司法程序	73.6	70.9	3/31
指标6	证据制度	74.5	70.2	1/31
指标7	司法腐败遏制	66.8	66.6	11/31
指标8	法律职业化	66.3	64.5	6/31
指标9	司法公开	77.9	75.9	6/31
指标10	司法文化	65.0	66.8	28/31
均　分		71.5	70.0	4/31

二级指标排名表

二级指标	排　名	二级指标	排　名	二级指标	排　名	二级指标	排　名
1.1 司法权力依法行使	11/31	2.4 当事人享有获得救济的权利	13/31	5.2 行政诉讼裁判得到有效执行	7/31	8.2 法律职业人员遵守职业伦理规范	18/31
1.2 司法权力独立行使	12/31	3.1 民事审判符合公正要求	3/31	6.1 证据裁判原则得到贯彻	3/31	8.3 法律职业人员享有职业保障	22/31
1.3 司法权力公正行使	5/31	3.2 民事诉讼中的调解自愿、合法	2/31	6.2 证据依法得到采纳与排除	1/31	9.1 司法过程依法公开	13/31
1.4 司法权力主体受到信任与认同	23/31	3.3 民事诉讼裁判得到有效执行	9/31	6.3 证明过程得到合理规范	2/31	9.2 裁判结果依法公开	5/31
1.5 司法裁判受到信任与认同	11/31	4.1 侦查措施及时合法	5/31	7.1 警察远离腐败	12/31	10.1 公众参与司法的意识及程度	25/31
2.1 当事人享有不被强迫自证其罪的权利	1/31	4.2 审查起诉公正有效	11/31	7.2 检察官远离腐败	15/31	10.2 公众诉诸司法的意识及程度	29/31
2.2 当事人享有获得辩护、代理的权利	7/31	4.3 刑事审判公正及时有效	4/31	7.3 法官远离腐败	9/31	10.3 公众接受司法裁判的意识及程度	19/31
2.3 当事人享有证据性权利	9/31	5.1 行政审判符合公正要求	3/31	8.1 法律职业人员获得职业培训	3/31	10.4 公众接受现代刑罚理念的意识及程度	22/31

一级指标得分

31 个省/自治区/直辖市各一级指标平均分

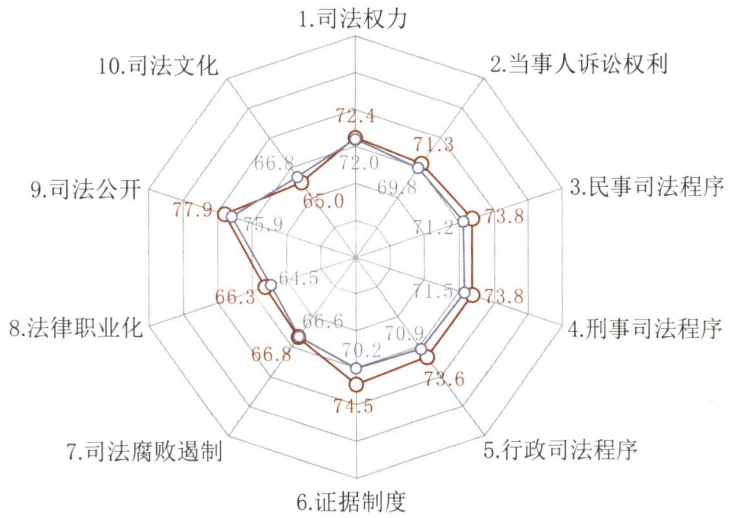

二级指标得分

上海市各二级指标得分

31 个省/自治区/直辖市各二级指标平均分

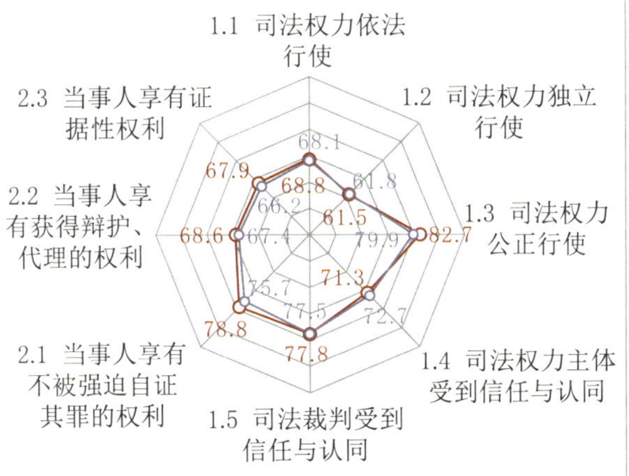

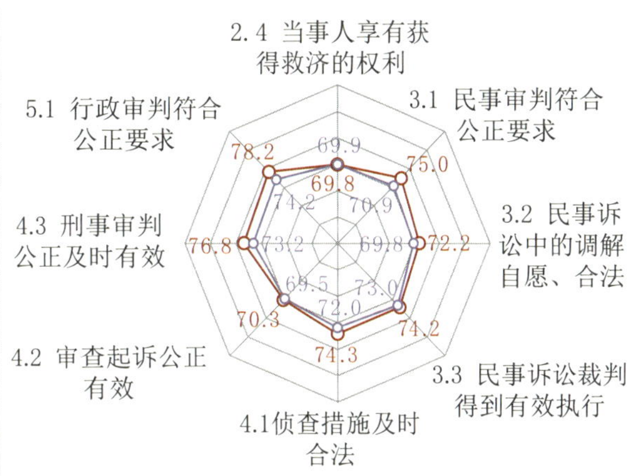

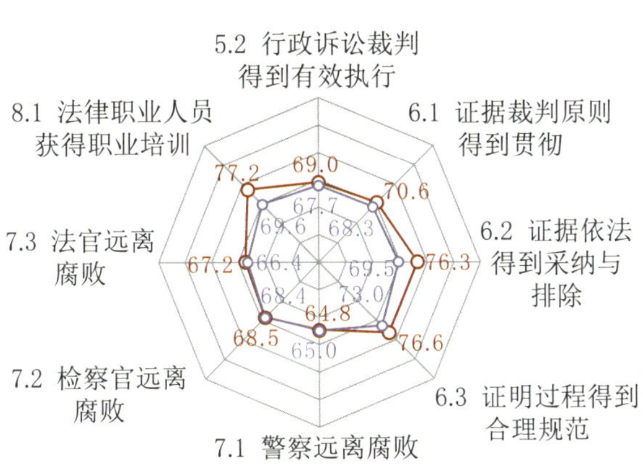

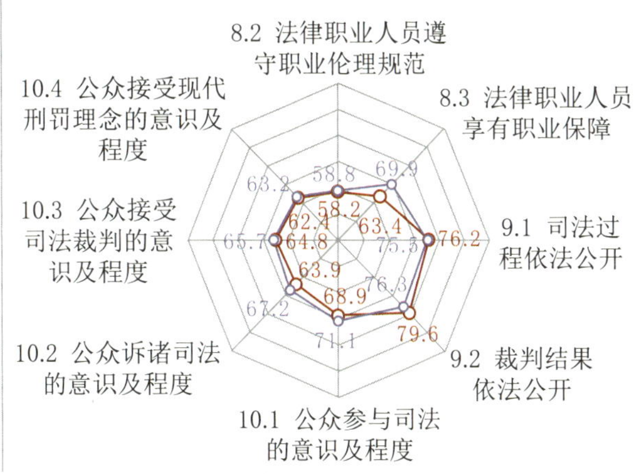

10. 江苏省（6/31）

一级指标得分和排名表

序　号	一级指标	得　分	31个省/自治区/直辖市平均分	排　名
指标1	司法权力	73.1	72.0	6/31
指标2	当事人诉讼权利	70.6	69.8	8/31
指标3	民事司法程序	72.6	71.2	4/31
指标4	刑事司法程序	73.2	71.5	4/31
指标5	行政司法程序	71.8	70.9	7/31
指标6	证据制度	69.9	70.2	16/31
指标7	司法腐败遏制	68.4	66.6	6/31
指标8	法律职业化	66.8	64.5	5/31
指标9	司法公开	78.4	75.9	4/31
指标10	司法文化	67.5	66.8	12/31
均　分		71.2	70.0	6/31

二级指标排名表

二级指标	排　名	二级指标	排　名	二级指标	排　名	二级指标	排　名
1.1 司法权力依法行使	9/31	2.4 当事人享有获得救济的权利	10/31	5.2 行政诉讼裁判得到有效执行	10/31	8.2 法律职业人员遵守职业伦理规范	5/31
1.2 司法权力独立行使	13/31	3.1 民事审判符合公正要求	17/31	6.1 证据裁判原则得到贯彻	15/31	8.3 法律职业人员享有职业保障	7/31
1.3 司法权力公正行使	16/31	3.2 民事诉讼中的调解自愿、合法	3/31	6.2 证据依法得到采纳与排除	19/31	9.1 司法过程依法公开	10/31
1.4 司法权力主体受到信任与认同	4/31	3.3 民事诉讼裁判得到有效执行	5/31	6.3 证明过程得到合理规范	19/31	9.2 裁判结果依法公开	4/31
1.5 司法裁判受到信任与认同	7/31	4.1 侦查措施及时合法	4/31	7.1 警察远离腐败	4/31	10.1 公众参与司法的意识及程度	16/31
2.1 当事人享有不被强迫自证其罪的权利	9/31	4.2 审查起诉公正有效	18/31	7.2 检察官远离腐败	9/31	10.2 公众诉诸司法的意识及程度	4/31
2.2 当事人享有获得辩护、代理的权利	2/31	4.3 刑事审判公正及时有效	6/31	7.3 法官远离腐败	5/31	10.3 公众接受司法裁判的意识及程度	15/31
2.3 当事人享有证据性权利	20/31	5.1 行政审判符合公正要求	8/31	8.1 法律职业人员获得职业培训	7/31	10.4 公众接受现代刑罚理念的意识及程度	15/31

一级指标得分

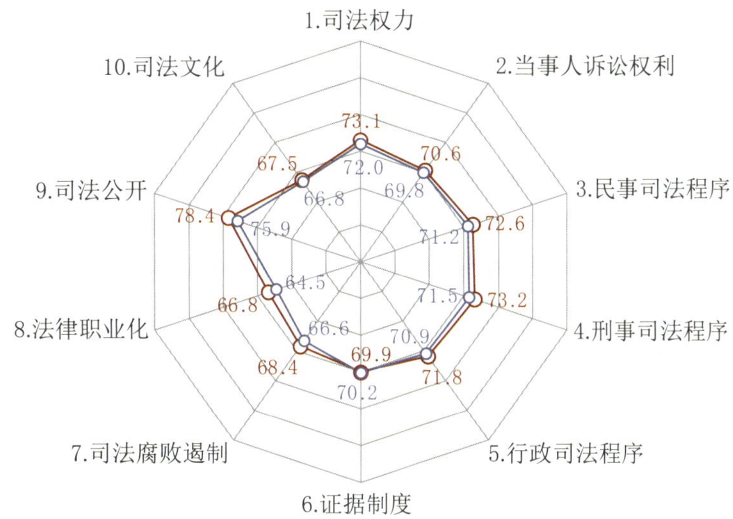

二级指标得分

江苏各二级指标得分　　31个省/自治区/直辖市各二级指标平均分

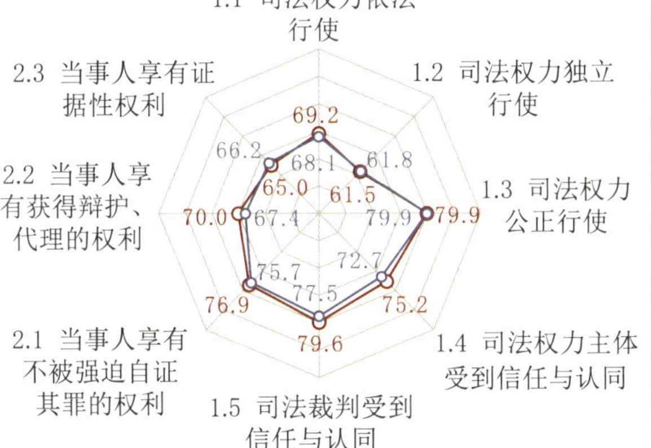

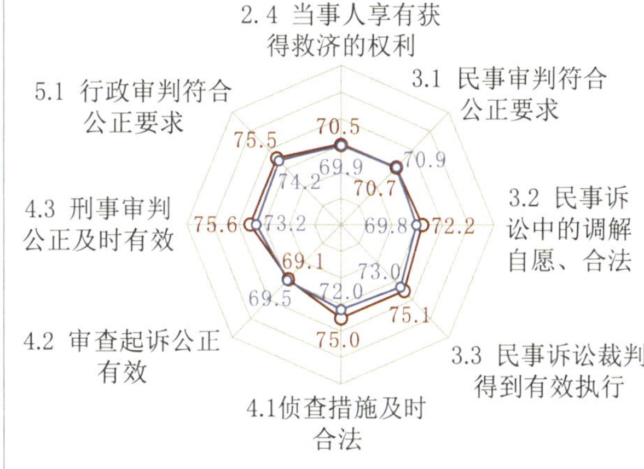

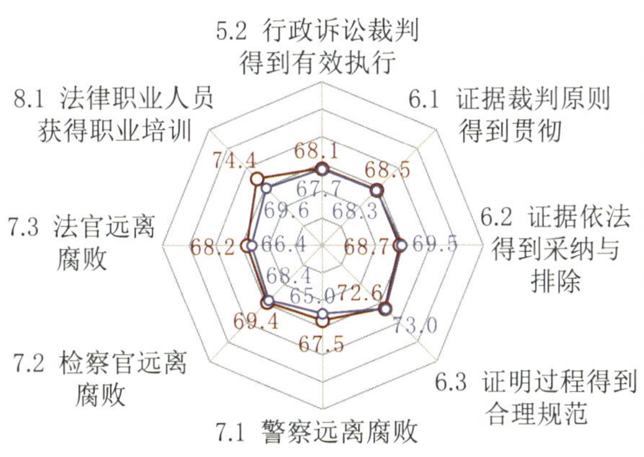

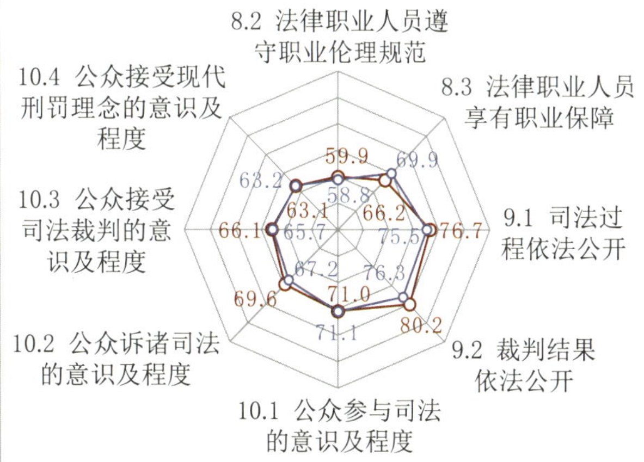

11. 浙江省（2/31）

一级指标得分和排名表

序　号	一级指标	得　分	31个省/自治区/直辖市平均分	排　名
指标1	司法权力	74.3	72.0	4/31
指标2	当事人诉讼权利	71.5	69.8	6/31
指标3	民事司法程序	74.9	71.2	2/31
指标4	刑事司法程序	75.5	71.5	2/31
指标5	行政司法程序	74.1	70.9	2/31
指标6	证据制度	72.1	70.2	6/31
指标7	司法腐败遏制	70.0	66.6	2/31
指标8	法律职业化	65.6	64.5	9/31
指标9	司法公开	80.8	75.9	2/31
指标10	司法文化	71.8	66.8	1/31
均　分		73.1	70.0	2/31

二级指标排名表

二级指标	排　名	二级指标	排　名	二级指标	排　名	二级指标	排　名
1.1 司法权力依法行使	7/31	2.4 当事人享有获得救济的权利	11/31	5.2 行政诉讼裁判得到有效执行	3/31	8.2 法律职业人员遵守职业伦理规范	11/31
1.2 司法权力独立行使	10/31	3.1 民事审判符合公正要求	1/31	6.1 证据裁判原则得到贯彻	6/31	8.3 法律职业人员享有职业保障	19/31
1.3 司法权力公正行使	3/31	3.2 民事诉讼中的调解自愿、合法	4/31	6.2 证据依法得到采纳与排除	5/31	9.1 司法过程依法公开	1/31
1.4 司法权力主体受到信任与认同	2/31	3.3 民事诉讼裁判得到有效执行	2/31	6.3 证明过程得到合理规范	4/31	9.2 裁判结果依法公开	2/31
1.5 司法裁判受到信任与认同	3/31	4.1 侦查措施及时合法	2/31	7.1 警察远离腐败	2/31	10.1 公众参与司法的意识及程度	1/31
2.1 当事人享有不被强迫自证其罪的权利	11/31	4.2 审查起诉公正有效	2/31	7.2 检察官远离腐败	4/31	10.2 公众诉诸司法的意识及程度	1/31
2.2 当事人享有获得辩护、代理的权利	1/31	4.3 刑事审判公正及时有效	2/31	7.3 法官远离腐败	3/31	10.3 公众接受司法裁判的意识及程度	2/31
2.3 当事人享有证据性权利	12/31	5.1 行政审判符合公正要求	4/31	8.1 法律职业人员获得职业培训	11/31	10.4 公众接受现代刑罚理念的意识及程度	3/31

一级指标得分

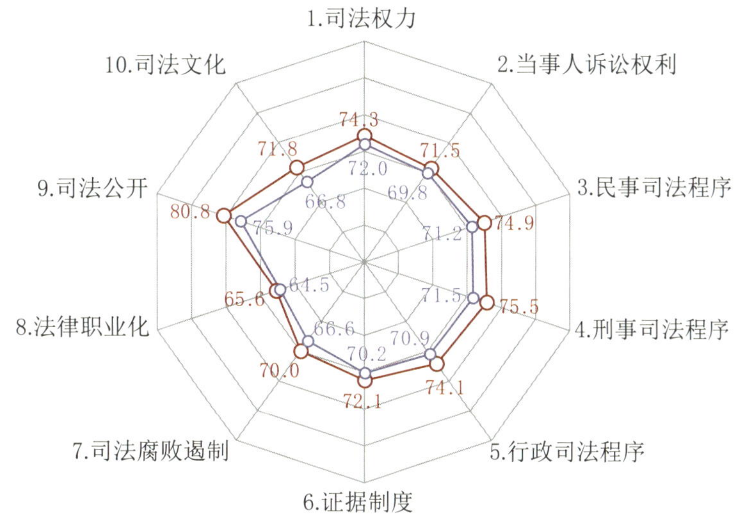

二级指标得分

浙江各二级指标得分
31 个省/自治区/直辖市各二级指标平均分

1.1 司法权力依法行使
1.2 司法权力独立行使
1.3 司法权力公正行使
1.4 司法权力主体受到信任与认同
1.5 司法裁判受到信任与认同
2.1 当事人享有不被强迫自证其罪的权利
2.2 当事人享有获得辩护、代理的权利
2.3 当事人享有证据性权利
69.5
68.1
61.9
61.8
83.3
79.9
76.0
72.7
81.1
77.5
76.4
75.7
72.0
67.4
67.4
66.2

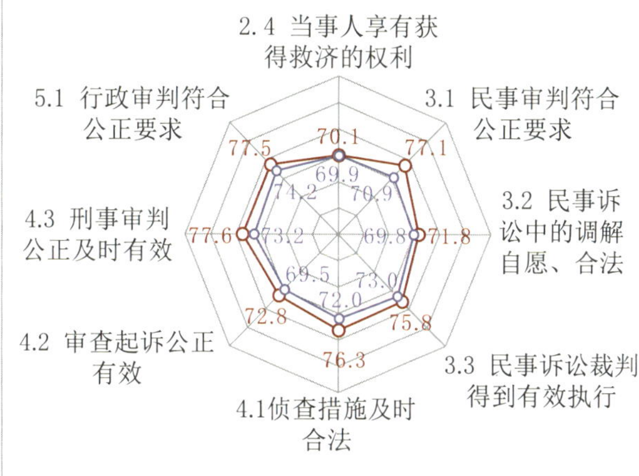

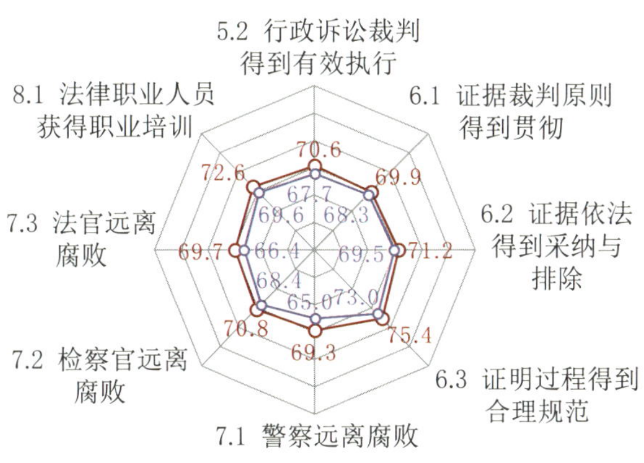

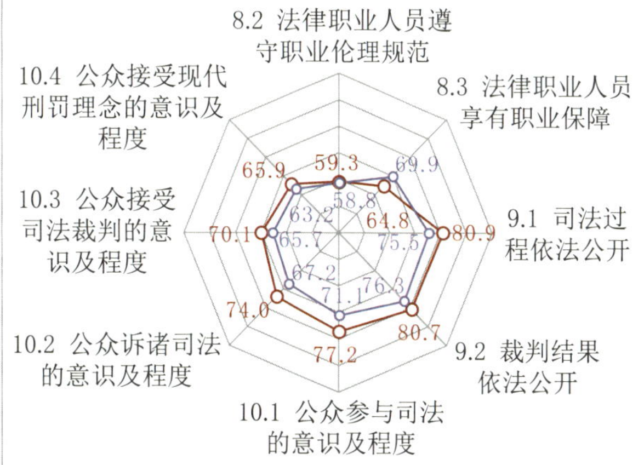

12. 安徽省（10/31）

一级指标得分和排名表

序　号	一级指标	得　分	31个省/自治区/直辖市平均分	排　名
指标1	司法权力	73.1	72.0	7/31
指标2	当事人诉讼权利	68.5	69.8	26/31
指标3	民事司法程序	70.1	71.2	21/31
指标4	刑事司法程序	71.9	71.5	14/31
指标5	行政司法程序	71.4	70.9	10/31
指标6	证据制度	69.5	70.2	21/31
指标7	司法腐败遏制	69.1	66.6	4/31
指标8	法律职业化	64.4	64.5	18/31
指标9	司法公开	76.6	75.9	12/31
指标10	司法文化	68.3	66.8	5/31
均　分		70.3	70.0	10/31

二级指标排名表

二级指标	排　名	二级指标	排　名	二级指标	排　名	二级指标	排　名
1.1 司法权力依法行使	6/31	2.4 当事人享有获得救济的权利	30/31	5.2 行政诉讼裁判得到有效执行	19/31	8.2 法律职业人员遵守职业伦理规范	14/31
1.2 司法权力独立行使	5/31	3.1 民事审判符合公正要求	14/31	6.1 证据裁判原则得到贯彻	25/31	8.3 法律职业人员享有职业保障	12/31
1.3 司法权力公正行使	10/31	3.2 民事诉讼中的调解自愿、合法	27/31	6.2 证据依法得到采纳与排除	14/31	9.1 司法过程依法公开	15/31
1.4 司法权力主体受到信任与认同	14/31	3.3 民事诉讼裁判得到有效执行	24/31	6.3 证明过程得到合理规范	18/31	9.2 裁判结果依法公开	14/31
1.5 司法裁判受到信任与认同	17/31	4.1 侦查措施及时合法	13/31	7.1 警察远离腐败	5/31	10.1 公众参与司法的意识及程度	5/31
2.1 当事人享有不被强迫自证其罪的权利	25/31	4.2 审查起诉公正有效	28/31	7.2 检察官远离腐败	3/31	10.2 公众诉诸司法的意识及程度	23/31
2.2 当事人享有获得辩护、代理的权利	13/31	4.3 刑事审判公正及时有效	3/31	7.3 法官远离腐败	4/31	10.3 公众接受司法裁判的意识及程度	13/31
2.3 当事人享有证据性权利	13/31	5.1 行政审判符合公正要求	6/31	8.1 法律职业人员获得职业培训	16/31	10.4 公众接受现代刑罚理念的意识及程度	4/31

一级指标得分

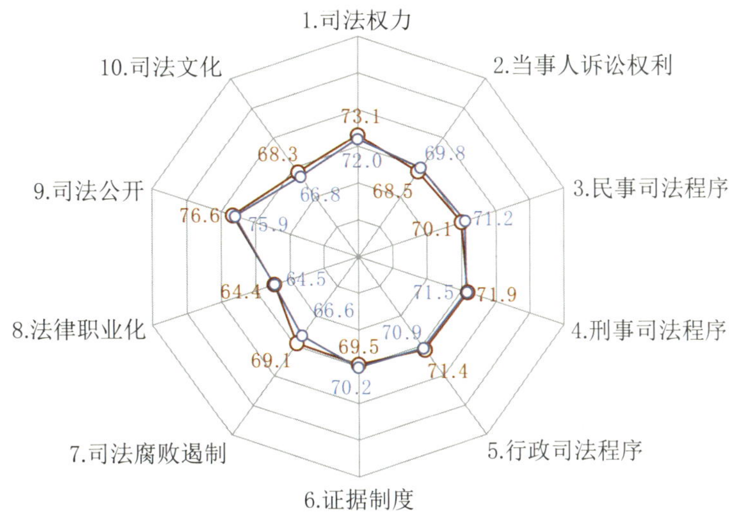

二级指标得分

安徽各二级指标得分
31个省/自治区/直辖市各二级指标平均分

1.1 司法权力依法行使
1.2 司法权力独立行使
1.3 司法权力公正行使
1.4 司法权力主体受到信任与认同
1.5 司法裁判受到信任与认同
2.1 当事人享有不被强迫自证其罪的权利
2.2 当事人享有获得辩护、代理的权利
2.3 当事人享有证据性权利
69.5
68.1
64.6
61.8
81.6
79.9
72.7
72.7
77.2
77.5
74.6
75.7
67.7
67.4
67.0
66.2

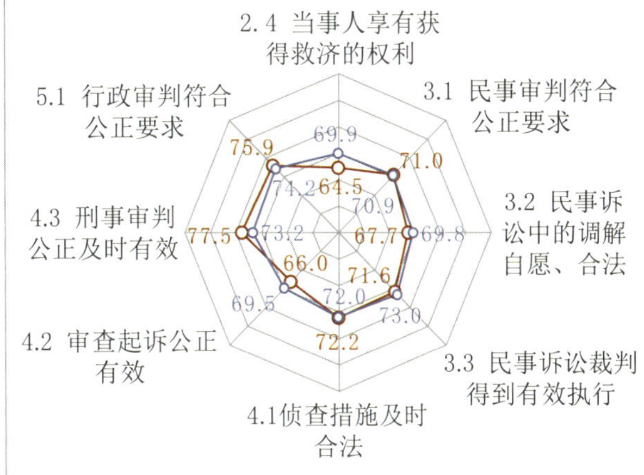

5.2 行政诉讼裁判得到有效执行
6.1 证据裁判原则得到贯彻
6.2 证据依法得到采纳与排除
6.3 证明过程得到合理规范
7.1 警察远离腐败
7.2 检察官远离腐败
7.3 法官远离腐败
8.1 法律职业人员获得职业培训
67.7
67.0
68.3
66.1
69.7
69.5
73.0
72.7
67.4
65.0
71.0
68.4
68.8
66.4
69.6
68.9

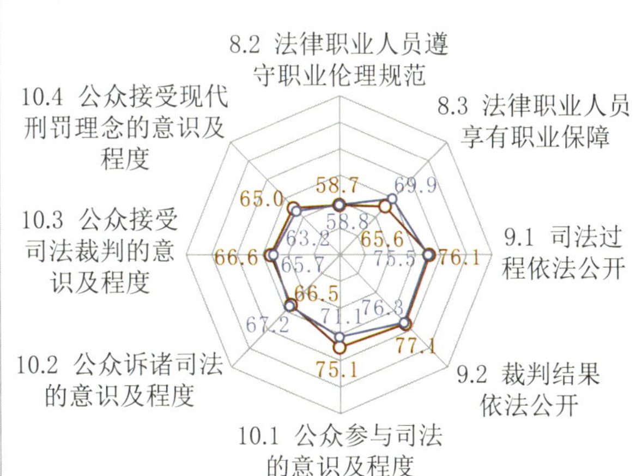

13. 福建省（12/31）

一级指标得分和排名表

序　号	一级指标	得　分	31个省/自治区/直辖市平均分	排　名
指标1	司法权力	71.6	72.0	16/31
指标2	当事人诉讼权利	69.2	69.8	20/31
指标3	民事司法程序	70.2	71.2	18/31
指标4	刑事司法程序	72.4	71.5	8/31
指标5	行政司法程序	68.6	70.9	27/31
指标6	证据制度	70.5	70.2	13/31
指标7	司法腐败遏制	67.2	66.6	10/31
指标8	法律职业化	64.0	64.5	19/31
指标9	司法公开	78.1	75.9	5/31
指标10	司法文化	68.0	66.8	7/31
均　分		70.0	70.0	12/31

二级指标排名表

二级指标	排　名	二级指标	排　名	二级指标	排　名	二级指标	排　名
1.1 司法权力依法行使	18/31	2.4 当事人享有获得救济的权利	15/31	5.2 行政诉讼裁判得到有效执行	28/31	8.2 法律职业人员遵守职业伦理规范	8/31
1.2 司法权力独立行使	16/31	3.1 民事审判符合公正要求	12/31	6.1 证据裁判原则得到贯彻	12/31	8.3 法律职业人员享有职业保障	14/31
1.3 司法权力公正行使	15/31	3.2 民事诉讼中的调解自愿、合法	15/31	6.2 证据依法得到采纳与排除	22/31	9.1 司法过程依法公开	6/31
1.4 司法权力主体受到信任与认同	15/31	3.3 民事诉讼裁判得到有效执行	31/31	6.3 证明过程得到合理规范	6/31	9.2 裁判结果依法公开	6/31
1.5 司法裁判受到信任与认同	16/31	4.1 侦查措施及时合法	7/31	7.1 警察远离腐败	15/31	10.1 公众参与司法的意识及程度	6/31
2.1 当事人享有不被强迫自证其罪的权利	4/31	4.2 审查起诉公正有效	10/31	7.2 检察官远离腐败	8/31	10.2 公众诉诸司法的意识及程度	11/31
2.2 当事人享有获得辩护、代理的权利	19/31	4.3 刑事审判公正及时有效	15/31	7.3 法官远离腐败	8/31	10.3 公众接受司法裁判的意识及程度	16/31
2.3 当事人享有证据性权利	28/31	5.1 行政审判符合公正要求	26/31	8.1 法律职业人员获得职业培训	22/31	10.4 公众接受现代刑罚理念的意识及程度	12/31

一级指标得分

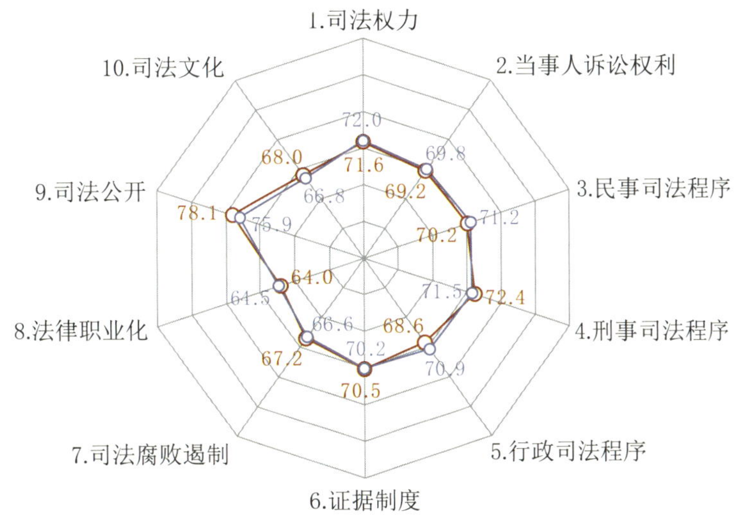

二级指标得分

福建各二级指标得分　31个省/自治区/直辖市各二级指标平均分

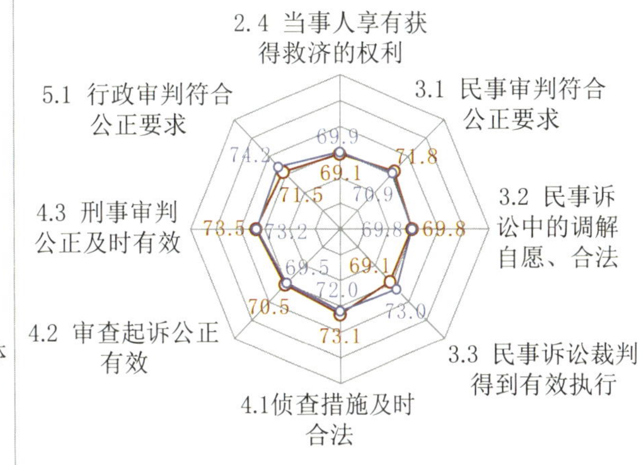

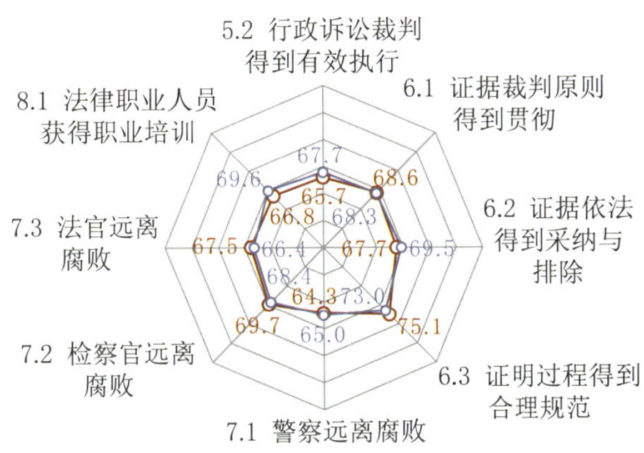

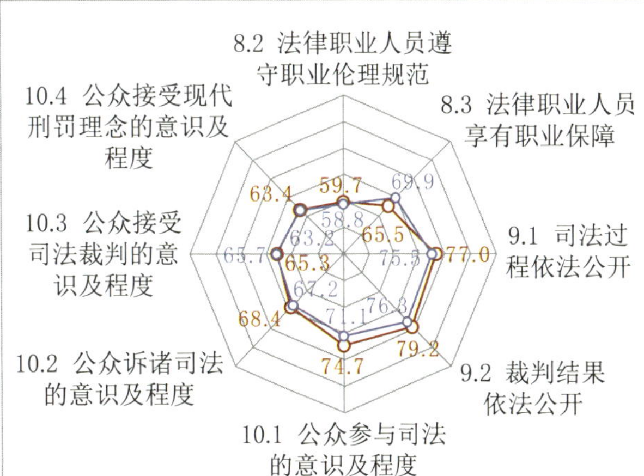

14. 江西省（16/31）

一级指标得分和排名表

序　号	一级指标	得　分	31个省/自治区/直辖市平均分	排　名
指标1	司法权力	70.1	72.0	25/31
指标2	当事人诉讼权利	70.5	69.8	10/31
指标3	民事司法程序	72.1	71.2	8/31
指标4	刑事司法程序	72.3	71.5	10/31
指标5	行政司法程序	70.5	70.9	14/31
指标6	证据制度	70.9	70.2	11/31
指标7	司法腐败遏制	61.7	66.6	31/31
指标8	法律职业化	65.4	64.5	10/31
指标9	司法公开	76.0	75.9	17/31
指标10	司法文化	67.6	66.8	11/31
均　分		69.7	70.0	16/31

二级指标排名表

二级指标	排　名	二级指标	排　名	二级指标	排　名	二级指标	排　名
1.1 司法权力依法行使	4/31	2.4 当事人享有获得救济的权利	23/31	5.2 行政诉讼裁判得到有效执行	15/31	8.2 法律职业人员遵守职业伦理规范	26/31
1.2 司法权力独立行使	31/31	3.1 民事审判符合公正要求	16/31	6.1 证据裁判原则得到贯彻	11/31	8.3 法律职业人员享有职业保障	8/31
1.3 司法权力公正行使	24/31	3.2 民事诉讼中的调解自愿、合法	17/31	6.2 证据依法得到采纳与排除	13/31	9.1 司法过程依法公开	11/31
1.4 司法权力主体受到信任与认同	22/31	3.3 民事诉讼裁判得到有效执行	3/31	6.3 证明过程得到合理规范	13/31	9.2 裁判结果依法公开	21/31
1.5 司法裁判受到信任与认同	26/31	4.1 侦查措施及时合法	21/31	7.1 警察远离腐败	31/31	10.1 公众参与司法的意识及程度	14/31
2.1 当事人享有不被强迫自证其罪的权利	8/31	4.2 审查起诉公正有效	4/31	7.2 检察官远离腐败	30/31	10.2 公众诉诸司法的意识及程度	15/31
2.2 当事人享有获得辩护、代理的权利	18/31	4.3 刑事审判公正及时有效	11/31	7.3 法官远离腐败	30/31	10.3 公众接受司法裁判的意识及程度	11/31
2.3 当事人享有证据性权利	5/31	5.1 行政审判符合公正要求	17/31	8.1 法律职业人员获得职业培训	10/31	10.4 公众接受现代刑罚理念的意识及程度	10/31

一级指标得分

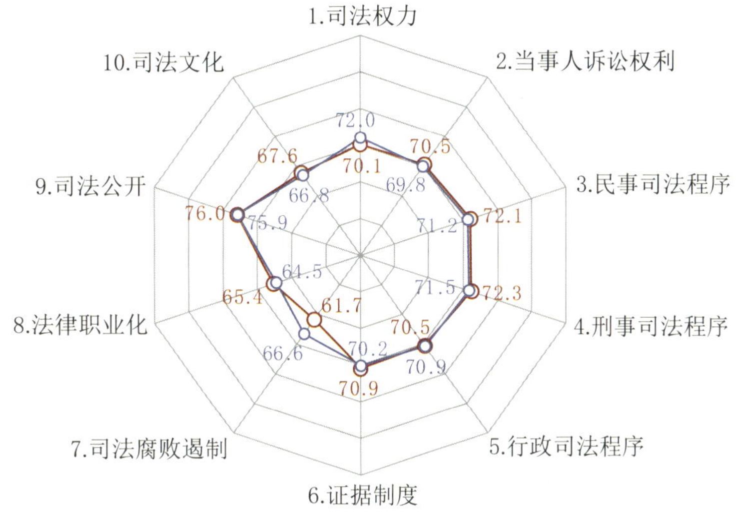

二级指标得分

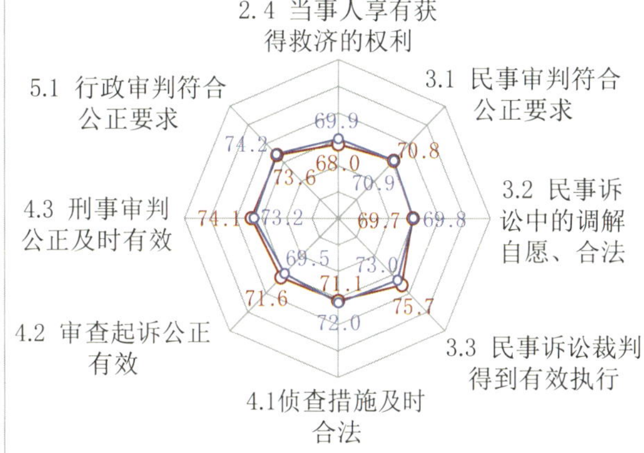

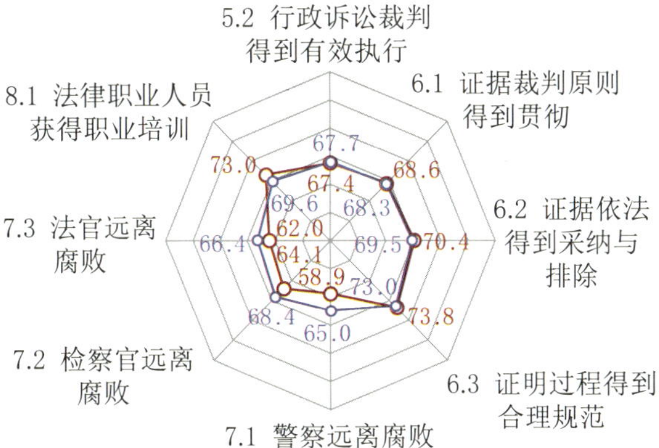

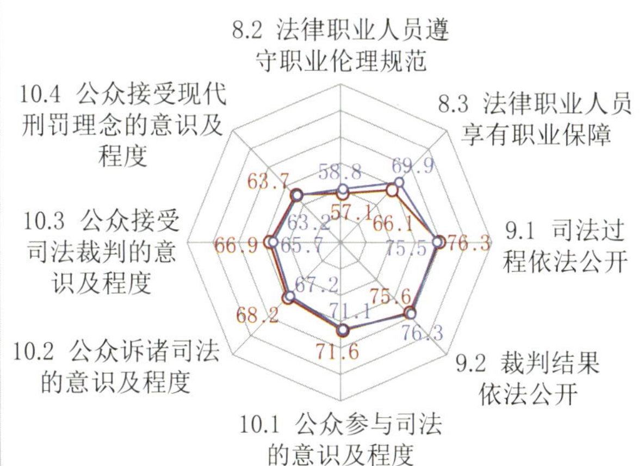

15. 山东省（7/31）

一级指标得分和排名表

序　号	一级指标	得　分	31个省/自治区/直辖市平均分	排　名
指标1	司法权力	72.6	72.0	9/31
指标2	当事人诉讼权利	70.5	69.8	9/31
指标3	民事司法程序	70.9	71.2	16/31
指标4	刑事司法程序	71.4	71.5	18/31
指标5	行政司法程序	73.4	70.9	4/31
指标6	证据制度	73.9	70.2	3/31
指标7	司法腐败遏制	66.1	66.6	17/31
指标8	法律职业化	64.9	64.5	14/31
指标9	司法公开	77.6	75.9	9/31
指标10	司法文化	69.4	66.8	3/31
均　分		71.1	70.0	7/31

二级指标排名表

二级指标	排　名	二级指标	排　名	二级指标	排　名	二级指标	排　名
1.1 司法权力依法行使	14/31	2.4 当事人享有获得救济的权利	7/31	5.2 行政诉讼裁判得到有效执行	9/31	8.2 法律职业人员遵守职业伦理规范	28/31
1.2 司法权力独立行使	20/31	3.1 民事审判符合公正要求	13/31	6.1 证据裁判原则得到贯彻	2/31	8.3 法律职业人员享有职业保障	13/31
1.3 司法权力公正行使	8/31	3.2 民事诉讼中的调解自愿、合法	23/31	6.2 证据依法得到采纳与排除	2/31	9.1 司法过程依法公开	4/31
1.4 司法权力主体受到信任与认同	11/31	3.3 民事诉讼裁判得到有效执行	18/31	6.3 证明过程得到合理规范	7/31	9.2 裁判结果依法公开	10/31
1.5 司法裁判受到信任与认同	6/31	4.1 侦查措施及时合法	17/31	7.1 警察远离腐败	16/31	10.1 公众参与司法的意识及程度	9/31
2.1 当事人享有不被强迫自证其罪的权利	23/31	4.2 审查起诉公正有效	8/31	7.2 检察官远离腐败	11/31	10.2 公众诉诸司法的意识及程度	2/31
2.2 当事人享有获得辩护、代理的权利	4/31	4.3 刑事审判公正及时有效	22/31	7.3 法官远离腐败	19/31	10.3 公众接受司法裁判的意识及程度	4/31
2.3 当事人享有证据性权利	14/31	5.1 行政审判符合公正要求	2/31	8.1 法律职业人员获得职业培训	13/31	10.4 公众接受现代刑罚理念的意识及程度	9/31

一级指标得分

—○— 山东各一级指标得分　　—○— 31 个省/自治区/直辖市各一级指标平均分

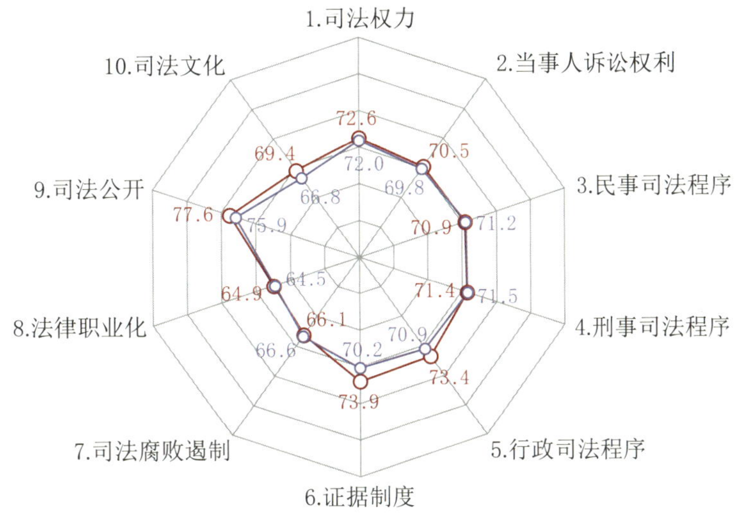

二级指标得分

—○— 山东各二级指标得分　　—○— 31 个省/自治区/直辖市各二级指标平均分

1.1 司法权力依法行使
1.2 司法权力独立行使
1.3 司法权力公正行使
1.4 司法权力主体受到信任与认同
1.5 司法裁判受到信任与认同
2.1 当事人享有不被强迫自证其罪的权利
2.2 当事人享有获得辩护、代理的权利
2.3 当事人享有证据性权利
68.6
68.1
61.8
59.7
82.0
79.9
73.3
72.7
79.8
77.5
74.9
75.7
69.2
67.4
66.7
66.2

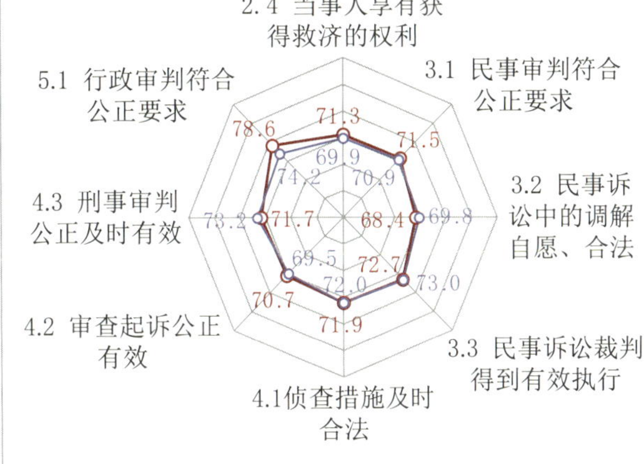

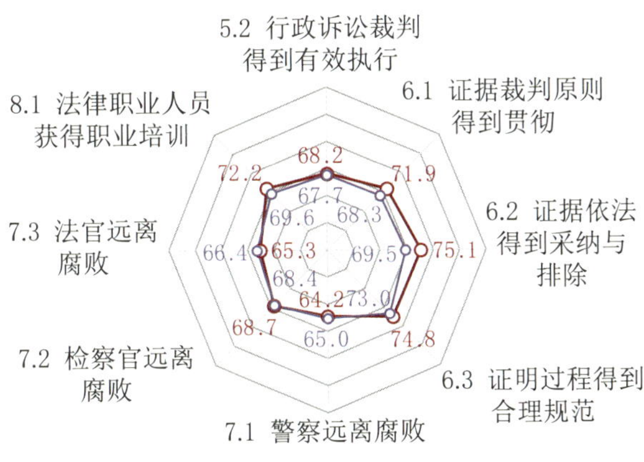

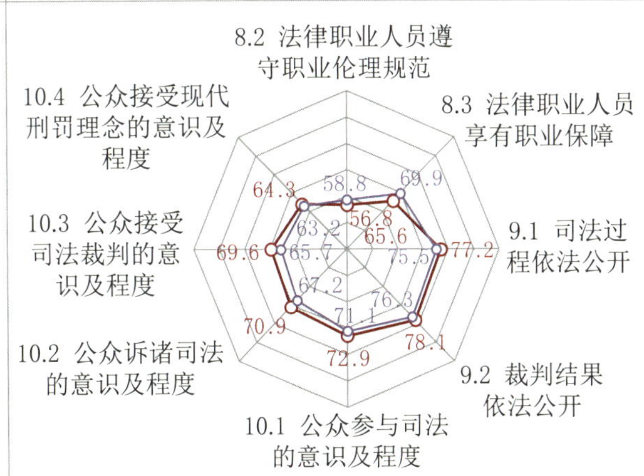

16. 河南省（20/31）

一级指标得分和排名表

序　号	一级指标	得　分	31个省/自治区/直辖市平均分	排　名
指标1	司法权力	70.7	72.0	19/31
指标2	当事人诉讼权利	69.7	69.8	15/31
指标3	民事司法程序	69.4	71.2	27/31
指标4	刑事司法程序	69.9	71.5	23/31
指标5	行政司法程序	71.1	70.9	11/31
指标6	证据制度	70.5	70.2	14/31
指标7	司法腐败遏制	63.9	66.6	26/31
指标8	法律职业化	65.0	64.5	13/31
指标9	司法公开	75.2	75.9	21/31
指标10	司法文化	66.2	66.8	21/31
均　　分		69.2	70.0	20/31

二级指标排名表

二级指标	排　名	二级指标	排　名	二级指标	排　名	二级指标	排　名
1.1 司法权力依法行使	19/31	2.4 当事人享有获得救济的权利	16/31	5.2 行政诉讼裁判得到有效执行	14/31	8.2 法律职业人员遵守职业伦理规范	24/31
1.2 司法权力独立行使	21/31	3.1 民事审判符合公正要求	22/31	6.1 证据裁判原则得到贯彻	18/31	8.3 法律职业人员享有职业保障	23/31
1.3 司法权力公正行使	18/31	3.2 民事诉讼中的调解自愿、合法	30/31	6.2 证据依法得到采纳与排除	9/31	9.1 司法过程依法公开	19/31
1.4 司法权力主体受到信任与认同	21/31	3.3 民事诉讼裁判得到有效执行	22/31	6.3 证明过程得到合理规范	15/31	9.2 裁判结果依法公开	23/31
1.5 司法裁判受到信任与认同	20/31	4.1 侦查措施及时合法	18/31	7.1 警察远离腐败	26/31	10.1 公众参与司法的意识及程度	23/31
2.1 当事人享有不被强迫自证其罪的权利	10/31	4.2 审查起诉公正有效	19/31	7.2 检察官远离腐败	27/31	10.2 公众诉诸司法的意识及程度	25/31
2.2 当事人享有获得辩护、代理的权利	26/31	4.3 刑事审判公正及时有效	29/31	7.3 法官远离腐败	26/31	10.3 公众接受司法裁判的意识及程度	14/31
2.3 当事人享有证据性权利	11/31	5.1 行政审判符合公正要求	10/31	8.1 法律职业人员获得职业培训	8/31	10.4 公众接受现代刑罚理念的意识及程度	16/31

一级指标得分

河南各一级指标得分
31 个省/自治区/直辖市各一级指标平均分
1.司法权力
2.当事人诉讼权利
3.民事司法程序
4.刑事司法程序
5.行政司法程序
6.证据制度
7.司法腐败遏制
8.法律职业化
9.司法公开
10.司法文化
72.0
70.7
69.8
69.7
71.2
69.4
71.5
69.9
70.9
71.1
70.2
70.5
66.6
63.9
64.5
65.0
75.9
75.2
66.8
66.2

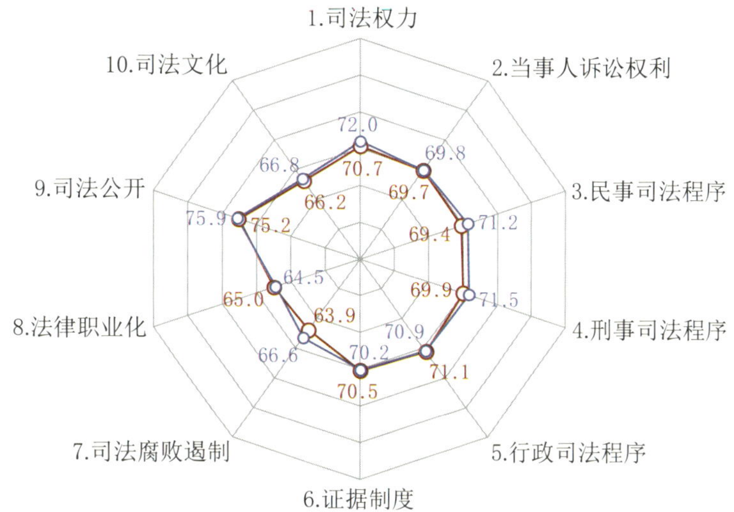

二级指标得分

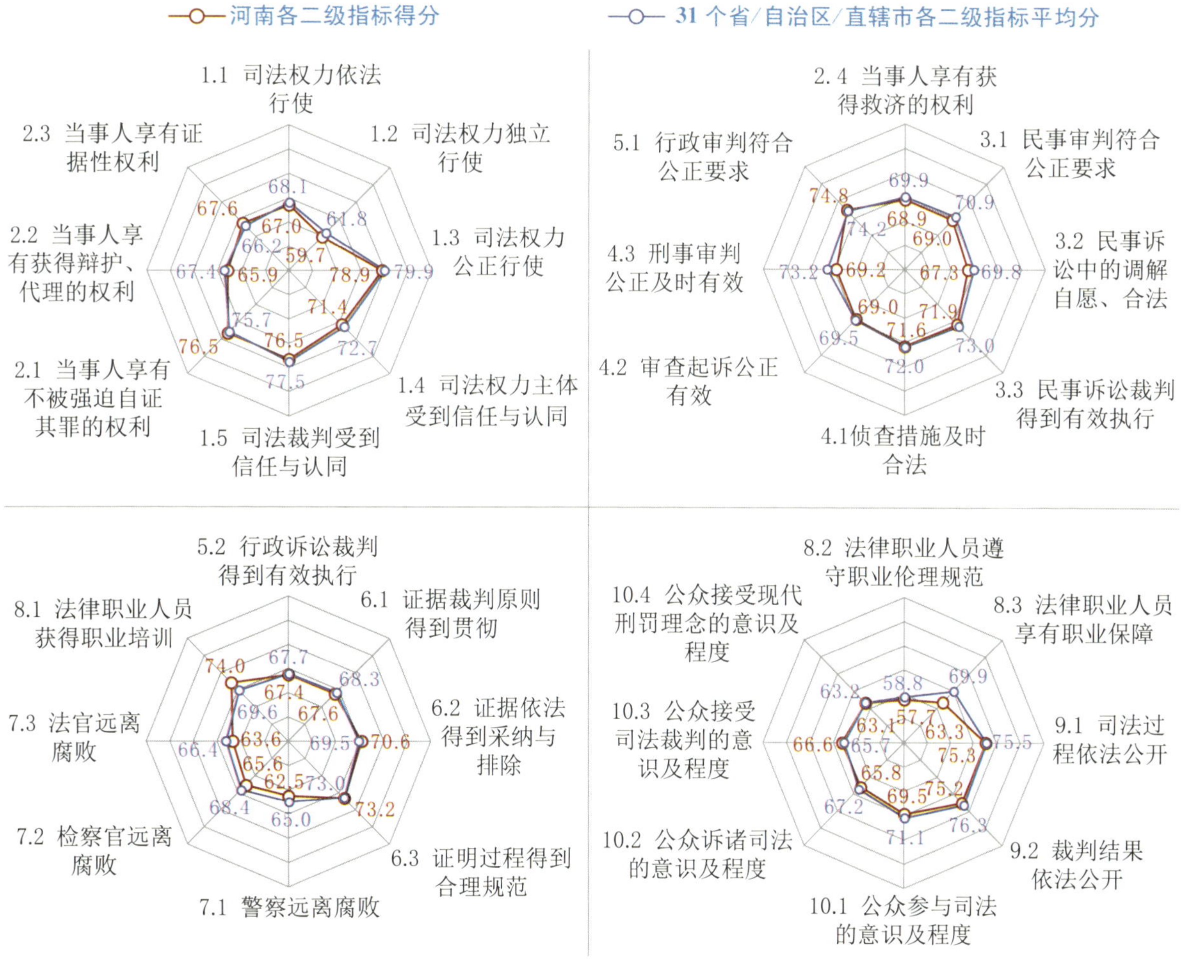

河南各二级指标得分
31 个省/自治区/直辖市各二级指标平均分
1.1 司法权力依法行使
1.2 司法权力独立行使
1.3 司法权力公正行使
1.4 司法权力主体受到信任与认同
1.5 司法裁判受到信任与认同
2.1 当事人享有不被强迫自证其罪的权利
2.2 当事人享有获得辩护、代理的权利
2.3 当事人享有证据性权利
68.1
67.0
61.8
59.7
79.9
78.9
72.7
71.4
77.5
76.5
75.7
76.5
67.4
65.9
66.2
67.6
2.4 当事人享有获得救济的权利
3.1 民事审判符合公正要求
3.2 民事诉讼中的调解自愿、合法
3.3 民事诉讼裁判得到有效执行
4.1侦查措施及时合法
4.2 审查起诉公正有效
4.3 刑事审判公正及时有效
5.1 行政审判符合公正要求
69.9
68.9
70.9
69.0
69.8
67.3
73.0
71.9
72.0
71.6
69.5
69.0
73.2
69.2
74.2
74.8
5.2 行政诉讼裁判得到有效执行
6.1 证据裁判原则得到贯彻
6.2 证据依法得到采纳与排除
6.3 证明过程得到合理规范
7.1 警察远离腐败
7.2 检察官远离腐败
7.3 法官远离腐败
8.1 法律职业人员获得职业培训
67.7
67.4
68.3
67.6
69.5
70.6
73.2
73.0
65.0
62.5
68.4
65.6
66.4
63.6
69.6
74.0
8.2 法律职业人员遵守职业伦理规范
8.3 法律职业人员享有职业保障
9.1 司法过程依法公开
9.2 裁判结果依法公开
10.1 公众参与司法的意识及程度
10.2 公众诉诸司法的意识及程度
10.3 公众接受司法裁判的意识及程度
10.4 公众接受现代刑罚理念的意识及程度
58.8
57.7
69.9
63.3
75.5
75.3
76.3
75.2
71.1
69.5
67.2
65.8
66.6
65.7
63.2
63.1

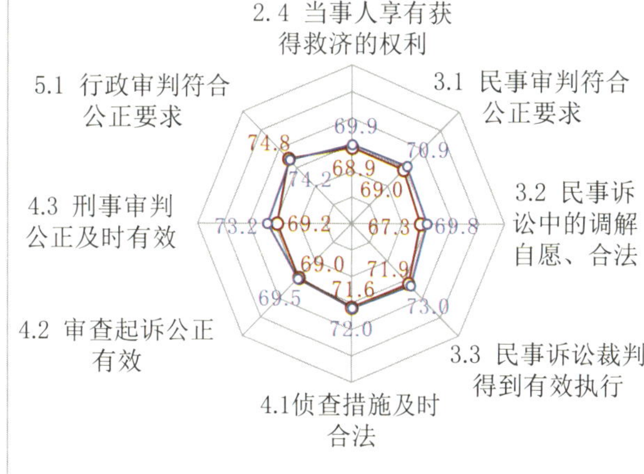

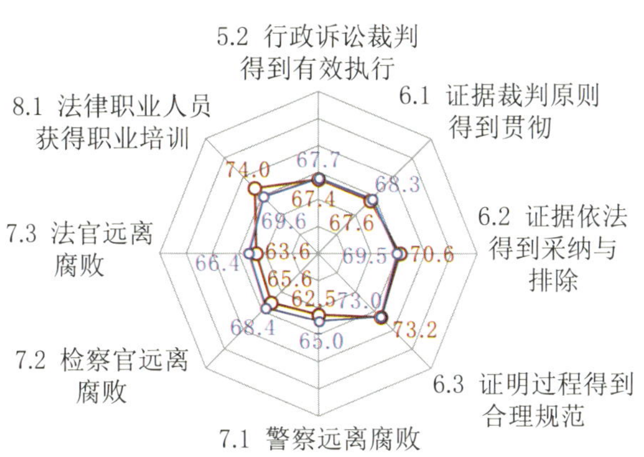

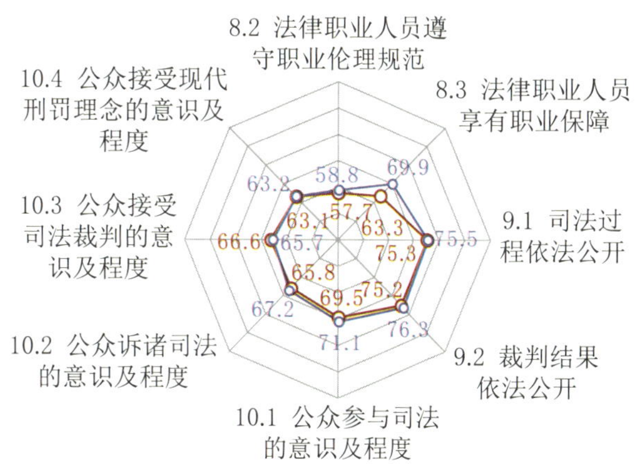

17. 湖北省（31/31）

一级指标得分和排名表

序　号	一级指标	得　分	31个省/自治区/直辖市平均分	排　名
指标1	司法权力	68.8	72.0	30/31
指标2	当事人诉讼权利	68.1	69.8	27/31
指标3	民事司法程序	70.1	71.2	19/31
指标4	刑事司法程序	68.0	71.5	30/31
指标5	行政司法程序	66.5	70.9	31/31
指标6	证据制度	66.8	70.2	31/31
指标7	司法腐败遏制	64.9	66.6	22/31
指标8	法律职业化	62.0	64.5	27/31
指标9	司法公开	73.4	75.9	27/31
指标10	司法文化	65.2	66.8	27/31
均　分		67.4	70.0	31/31

二级指标排名表

二级指标	排　名	二级指标	排　名	二级指标	排　名	二级指标	排　名
1.1 司法权力依法行使	27/31	2.4 当事人享有获得救济的权利	18/31	5.2 行政诉讼裁判得到有效执行	27/31	8.2 法律职业人员遵守职业伦理规范	20/31
1.2 司法权力独立行使	23/31	3.1 民事审判符合公正要求	15/31	6.1 证据裁判原则得到贯彻	27/31	8.3 法律职业人员享有职业保障	25/31
1.3 司法权力公正行使	31/31	3.2 民事诉讼中的调解自愿、合法	20/31	6.2 证据依法得到采纳与排除	30/31	9.1 司法过程依法公开	24/31
1.4 司法权力主体受到信任与认同	25/31	3.3 民事诉讼裁判得到有效执行	29/31	6.3 证明过程得到合理规范	30/31	9.2 裁判结果依法公开	30/31
1.5 司法裁判受到信任与认同	30/31	4.1 侦查措施及时合法	29/31	7.1 警察远离腐败	17/31	10.1 公众参与司法的意识及程度	22/31
2.1 当事人享有不被强迫自证其罪的权利	22/31	4.2 审查起诉公正有效	26/31	7.2 检察官远离腐败	23/31	10.2 公众诉诸司法的意识及程度	26/31
2.2 当事人享有获得辩护、代理的权利	22/31	4.3 刑事审判公正及时有效	30/31	7.3 法官远离腐败	23/31	10.3 公众接受司法裁判的意识及程度	26/31
2.3 当事人享有证据性权利	29/31	5.1 行政审判符合公正要求	31/31	8.1 法律职业人员获得职业培训	25/31	10.4 公众接受现代刑罚理念的意识及程度	18/31

一级指标得分

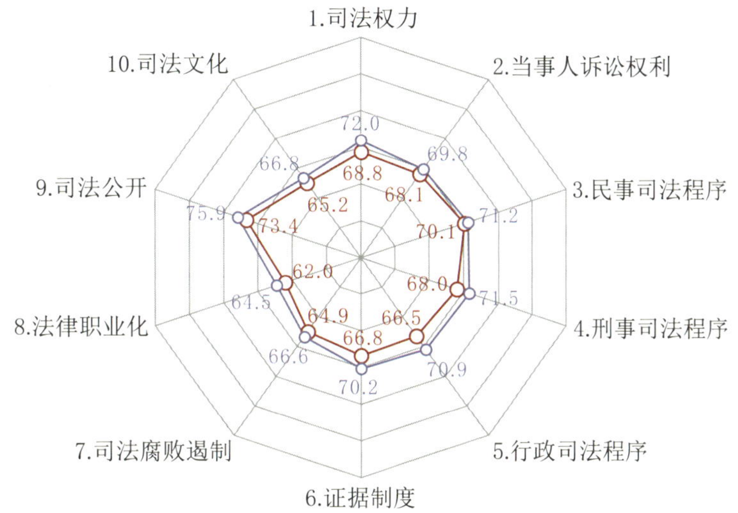

二级指标得分

湖北各二级指标得分　　31 个省/自治区/直辖市各二级指标平均分

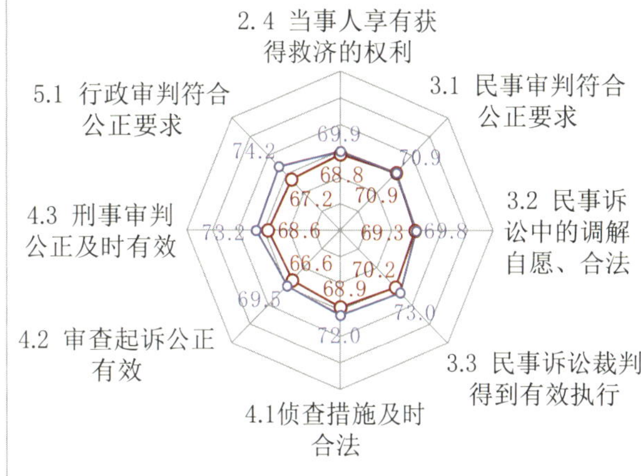

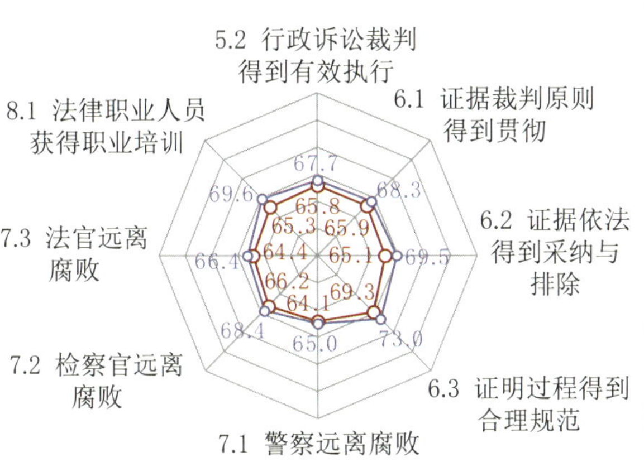

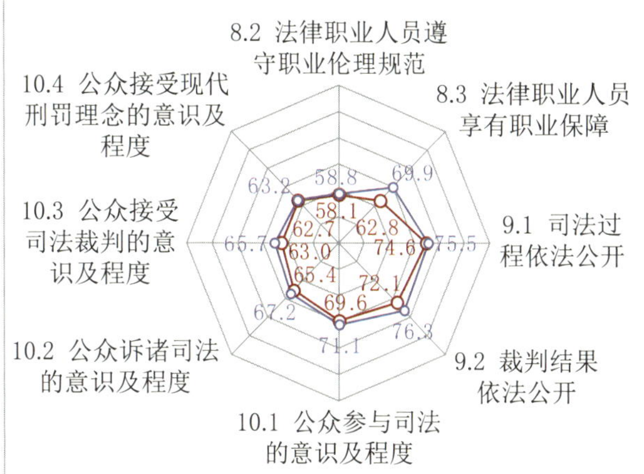

18. 湖南省（30/31）

一级指标得分和排名表

序　号	一级指标	得　分	31个省/自治区/直辖市平均分	排　名
指标1	司法权力	68.6	72.0	31/31
指标2	当事人诉讼权利	67.4	69.8	30/31
指标3	民事司法程序	69.1	71.2	30/31
指标4	刑事司法程序	69.8	71.5	25/31
指标5	行政司法程序	69.1	70.9	25/31
指标6	证据制度	66.8	70.2	30/31
指标7	司法腐败遏制	62.1	66.6	29/31
指标8	法律职业化	61.5	64.5	29/31
指标9	司法公开	75.4	75.9	20/31
指标10	司法文化	66.6	66.8	20/31
均　分		67.6	70.0	30/31

二级指标排名表

二级指标	排　名	二级指标	排　名	二级指标	排　名	二级指标	排　名
1.1 司法权力依法行使	29/31	2.4 当事人享有获得救济的权利	24/31	5.2 行政诉讼裁判得到有效执行	29/31	8.2 法律职业人员遵守职业伦理规范	30/31
1.2 司法权力独立行使	29/31	3.1 民事审判符合公正要求	28/31	6.1 证据裁判原则得到贯彻	28/31	8.3 法律职业人员享有职业保障	30/31
1.3 司法权力公正行使	27/31	3.2 民事诉讼中的调解自愿、合法	28/31	6.2 证据依法得到采纳与排除	31/31	9.1 司法过程依法公开	23/31
1.4 司法权力主体受到信任与认同	30/31	3.3 民事诉讼裁判得到有效执行	15/31	6.3 证明过程得到合理规范	28/31	9.2 裁判结果依法公开	17/31
1.5 司法裁判受到信任与认同	29/31	4.1 侦查措施及时合法	30/31	7.1 警察远离腐败	29/31	10.1 公众参与司法的意识及程度	4/31
2.1 当事人享有不被强迫自证其罪的权利	28/31	4.2 审查起诉公正有效	22/31	7.2 检察官远离腐败	31/31	10.2 公众诉诸司法的意识及程度	28/31
2.2 当事人享有获得辩护、代理的权利	28/31	4.3 刑事审判公正及时有效	19/31	7.3 法官远离腐败	28/31	10.3 公众接受司法裁判的意识及程度	20/31
2.3 当事人享有证据性权利	27/31	5.1 行政审判符合公正要求	20/31	8.1 法律职业人员获得职业培训	21/31	10.4 公众接受现代刑罚理念的意识及程度	23/31

一级指标得分

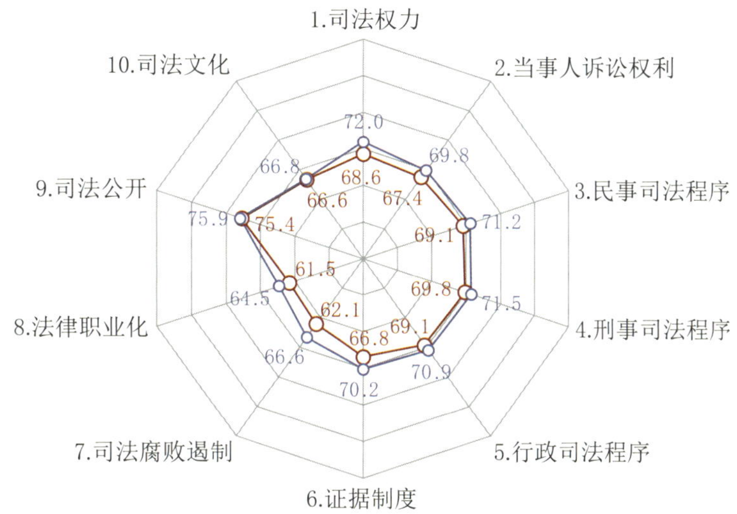

二级指标得分

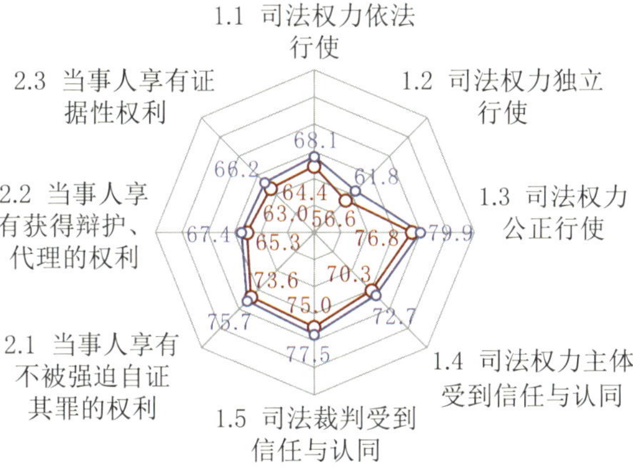

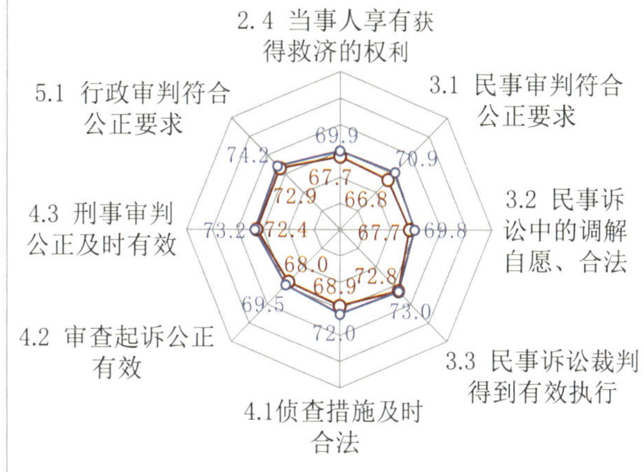

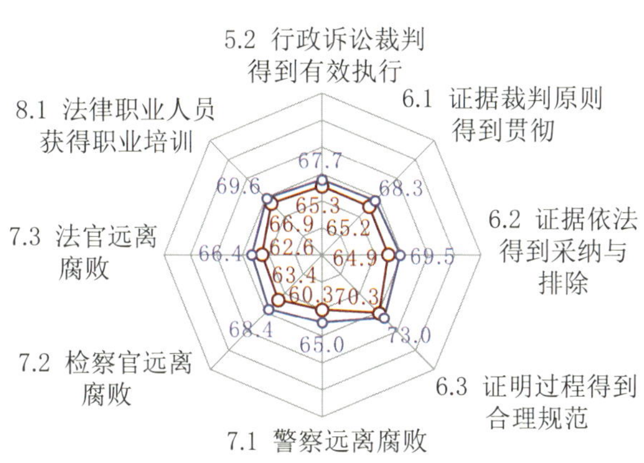

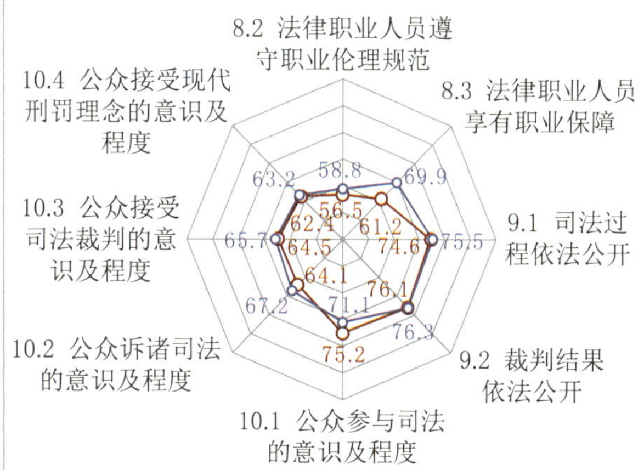

19. 广东省（18/31）

一级指标得分和排名表

序　号	一级指标	得　分	31个省/自治区/直辖市平均分	排　名
指标1	司法权力	70.4	72.0	22/31
指标2	当事人诉讼权利	69.4	69.8	19/31
指标3	民事司法程序	71.9	71.2	11/31
指标4	刑事司法程序	72.3	71.5	11/31
指标5	行政司法程序	70.8	70.9	12/31
指标6	证据制度	69.9	70.2	17/31
指标7	司法腐败遏制	64.4	66.6	23/31
指标8	法律职业化	65.8	64.5	8/31
指标9	司法公开	76.2	75.9	15/31
指标10	司法文化	65.7	66.8	25/31
均　分		69.7	70.0	18/31

二级指标排名表

二级指标	排　名	二级指标	排　名	二级指标	排　名	二级指标	排　名
1.1 司法权力依法行使	10/31	2.4 当事人享有获得救济的权利	19/31	5.2 行政诉讼裁判得到有效执行	23/31	8.2 法律职业人员遵守职业伦理规范	22/31
1.2 司法权力独立行使	25/31	3.1 民事审判符合公正要求	10/31	6.1 证据裁判原则得到贯彻	9/31	8.3 法律职业人员享有职业保障	24/31
1.3 司法权力公正行使	20/31	3.2 民事诉讼中的调解自愿、合法	10/31	6.2 证据依法得到采纳与排除	23/31	9.1 司法过程依法公开	17/31
1.4 司法权力主体受到信任与认同	29/31	3.3 民事诉讼裁判得到有效执行	17/31	6.3 证明过程得到合理规范	16/31	9.2 裁判结果依法公开	15/31
1.5 司法裁判受到信任与认同	27/31	4.1 侦查措施及时合法	22/31	7.1 警察远离腐败	25/31	10.1 公众参与司法的意识及程度	24/31
2.1 当事人享有不被强迫自证其罪的权利	13/31	4.2 审查起诉公正有效	3/31	7.2 检察官远离腐败	25/31	10.2 公众诉诸司法的意识及程度	27/31
2.2 当事人享有获得辩护、代理的权利	12/31	4.3 刑事审判公正及时有效	14/31	7.3 法官远离腐败	24/31	10.3 公众接受司法裁判的意识及程度	23/31
2.3 当事人享有证据性权利	23/31	5.1 行政审判符合公正要求	9/31	8.1 法律职业人员获得职业培训	4/31	10.4 公众接受现代刑罚理念的意识及程度	8/31

一级指标得分

—○— 广东各一级指标得分　　—○— 31 个省/自治区/直辖市各一级指标平均分

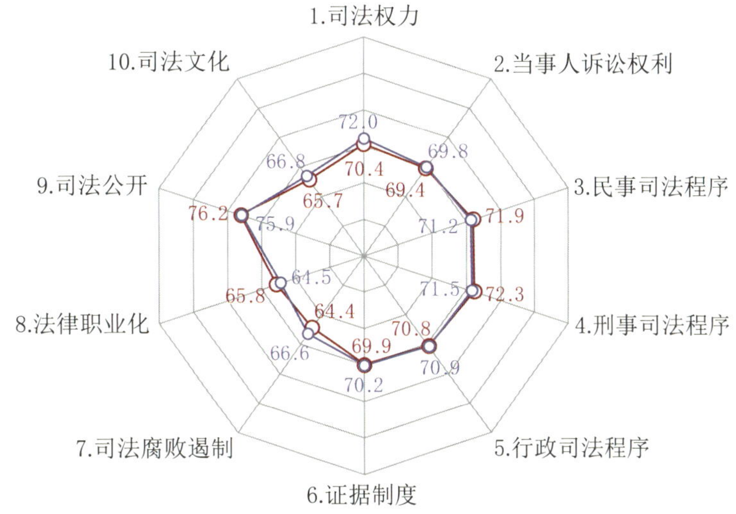

二级指标得分

—○— 广东各二级指标得分　　—○— 31 个省/自治区/直辖市各二级指标平均分

1.1 司法权力依法行使
1.2 司法权力独立行使
1.3 司法权力公正行使
1.4 司法权力主体受到信任与认同
1.5 司法裁判受到信任与认同
2.1 当事人享有不被强迫自证其罪的权利
2.2 当事人享有获得辩护、代理的权利
2.3 当事人享有证据性权利
68.1
69.0
61.8
58.9
79.9
78.4
70.5
72.7
75.2
77.5
75.7
76.2
68.1
67.4
64.5
66.2

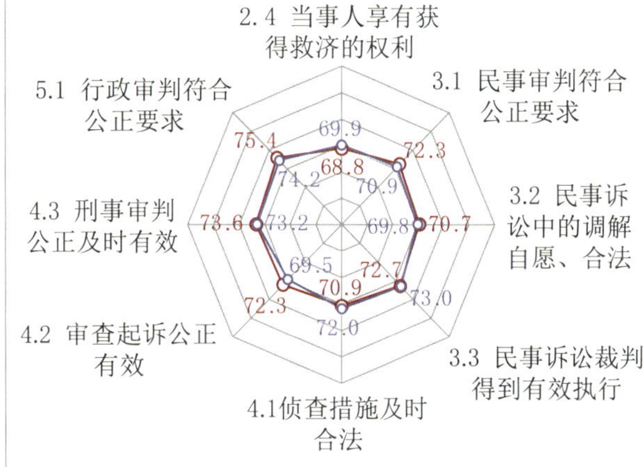

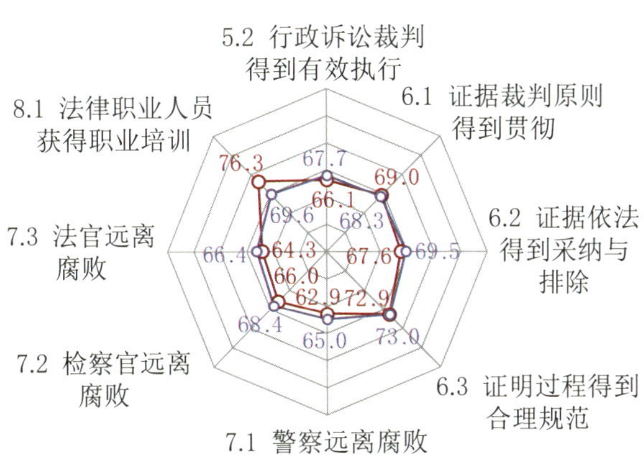

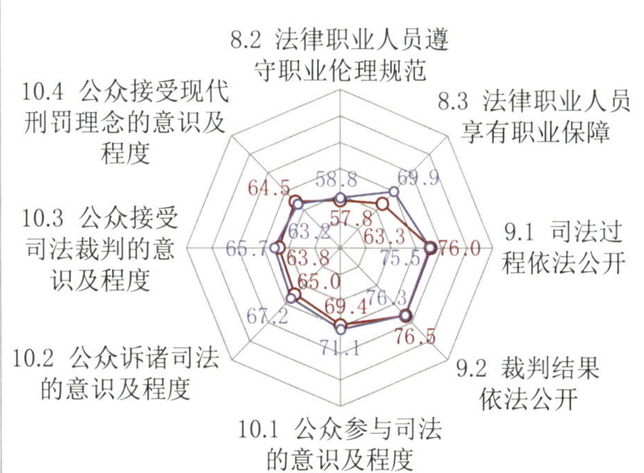

20. 广西壮族自治区（28/31）

一级指标得分和排名表

序号	一级指标	得分	31个省/自治区/直辖市平均分	排名
指标1	司法权力	69.3	72.0	29/31
指标2	当事人诉讼权利	67.7	69.8	29/31
指标3	民事司法程序	69.8	71.2	25/31
指标4	刑事司法程序	68.6	71.5	29/31
指标5	行政司法程序	67.9	70.9	28/31
指标6	证据制度	68.9	70.2	22/31
指标7	司法腐败遏制	61.9	66.6	30/31
指标8	法律职业化	63.9	64.5	20/31
指标9	司法公开	75.5	75.9	19/31
指标10	司法文化	65.6	66.8	26/31
均分		67.9	70.0	28/31

二级指标排名表

二级指标	排名	二级指标	排名	二级指标	排名	二级指标	排名
1.1 司法权力依法行使	31/31	2.4 当事人享有获得救济的权利	29/31	5.2 行政诉讼裁判得到有效执行	31/31	8.2 法律职业人员遵守职业伦理规范	31/31
1.2 司法权力独立行使	30/31	3.1 民事审判符合公正要求	23/31	6.1 证据裁判原则得到贯彻	19/31	8.3 法律职业人员享有职业保障	31/31
1.3 司法权力公正行使	11/31	3.2 民事诉讼中的调解自愿、合法	13/31	6.2 证据依法得到采纳与排除	21/31	9.1 司法过程依法公开	14/31
1.4 司法权力主体受到信任与认同	19/31	3.3 民事诉讼裁判得到有效执行	28/31	6.3 证明过程得到合理规范	24/31	9.2 裁判结果依法公开	24/31
1.5 司法裁判受到信任与认同	25/31	4.1 侦查措施及时合法	26/31	7.1 警察远离腐败	30/31	10.1 公众参与司法的意识及程度	13/31
2.1 当事人享有不被强迫自证其罪的权利	24/31	4.2 审查起诉公正有效	27/31	7.2 检察官远离腐败	29/31	10.2 公众诉诸司法的意识及程度	19/31
2.2 当事人享有获得辩护、代理的权利	14/31	4.3 刑事审判公正及时有效	28/31	7.3 法官远离腐败	31/31	10.3 公众接受司法裁判的意识及程度	30/31
2.3 当事人享有证据性权利	26/31	5.1 行政审判符合公正要求	24/31	8.1 法律职业人员获得职业培训	5/31	10.4 公众接受现代刑罚理念的意识及程度	25/31

一级指标得分

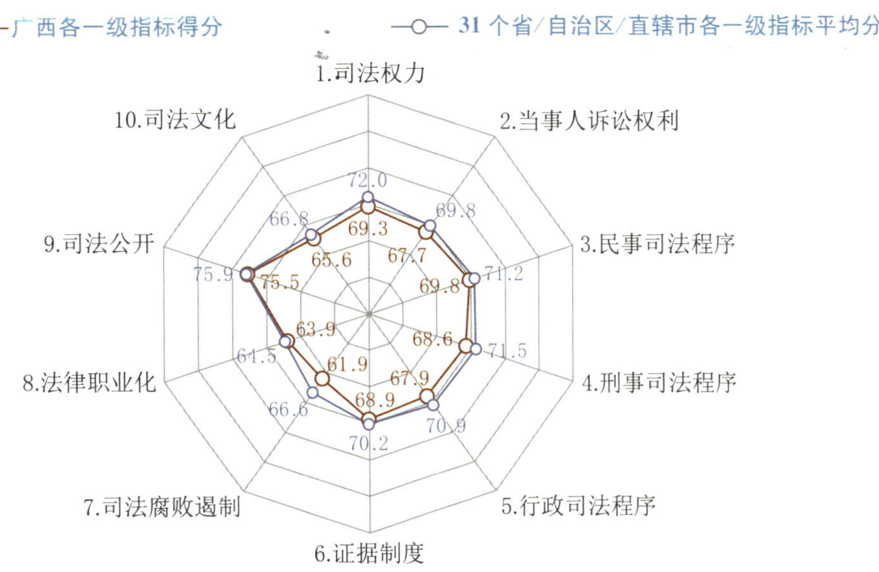

二级指标得分

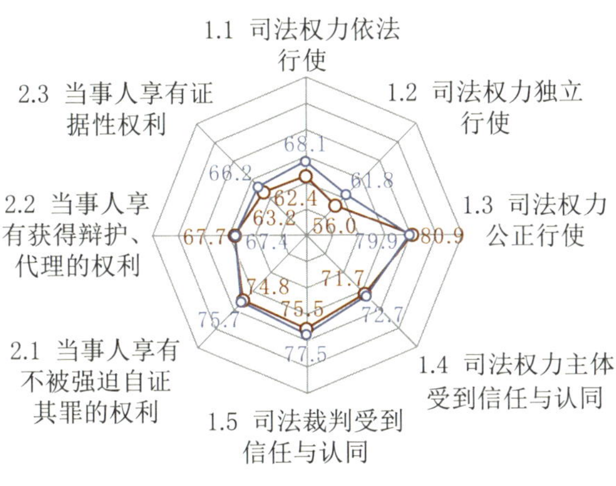

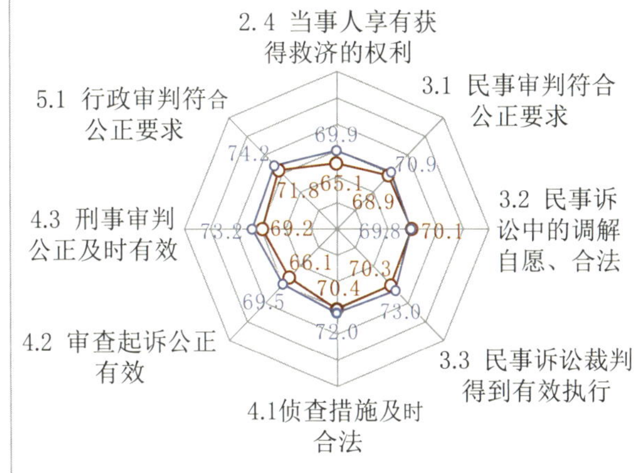

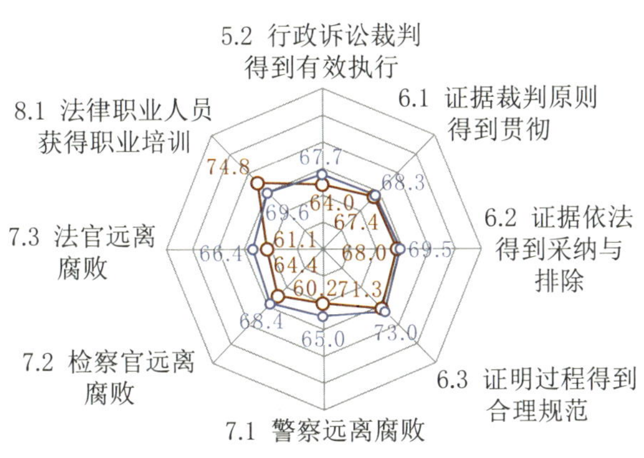

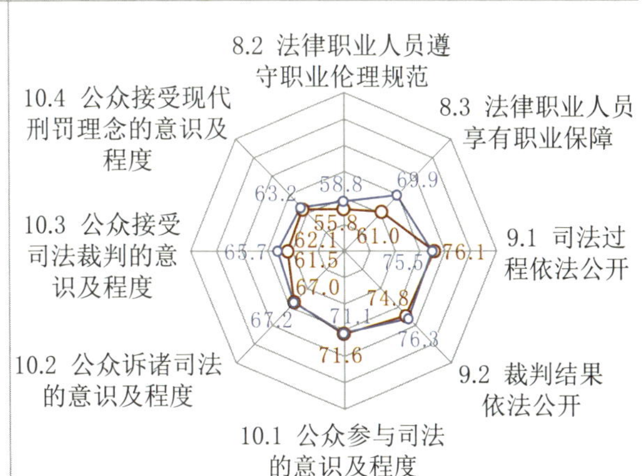

21. 海南省（1/31）

一级指标得分和排名表

序　号	一级指标	得　分	31个省/自治区/直辖市平均分	排　名
指标1	司法权力	87.4	72.0	1/31
指标2	当事人诉讼权利	74.1	69.8	1/31
指标3	民事司法程序	77.8	71.2	1/31
指标4	刑事司法程序	81.5	71.5	1/31
指标5	行政司法程序	86.3	70.9	1/31
指标6	证据制度	74.2	70.2	2/31
指标7	司法腐败遏制	87.2	66.6	1/31
指标8	法律职业化	67.1	64.5	4/31
指标9	司法公开	63.4	75.9	31/31
指标10	司法文化	62.9	66.8	30/31
均　分		76.2	70.0	1/31

二级指标排名表

二级指标	排　名	二级指标	排　名	二级指标	排　名	二级指标	排　名
1.1 司法权力依法行使	1/31	2.4 当事人享有获得救济的权利	1/31	5.2 行政诉讼裁判得到有效执行	1/31	8.2 法律职业人员遵守职业伦理规范	1/31
1.2 司法权力独立行使	1/31	3.1 民事审判符合公正要求	2/31	6.1 证据裁判原则得到贯彻	1/31	8.3 法律职业人员享有职业保障	1/31
1.3 司法权力公正行使	1/31	3.2 民事诉讼中的调解自愿、合法	1/31	6.2 证据依法得到采纳与排除	12/31	9.1 司法过程依法公开	31/31
1.4 司法权力主体受到信任与认同	1/31	3.3 民事诉讼裁判得到有效执行	1/31	6.3 证明过程得到合理规范	31/31	9.2 裁判结果依法公开	31/31
1.5 司法裁判受到信任与认同	1/31	4.1 侦查措施及时合法	1/31	7.1 警察远离腐败	1/31	10.1 公众参与司法的意识及程度	30/31
2.1 当事人享有不被强迫自证其罪的权利	20/31	4.2 审查起诉公正有效	1/31	7.2 检察官远离腐败	1/31	10.2 公众诉诸司法的意识及程度	30/31
2.2 当事人享有获得辩护、代理的权利	25/31	4.3 刑事审判公正及时有效	1/31	7.3 法官远离腐败	1/31	10.3 公众接受司法裁判的意识及程度	27/31
2.3 当事人享有证据性权利	31/31	5.1 行政审判符合公正要求	1/31	8.1 法律职业人员获得职业培训	29/31	10.4 公众接受现代刑罚理念的意识及程度	29/31

一级指标得分

海南各一级指标得分　　31 个省/自治区/直辖市各一级指标平均分

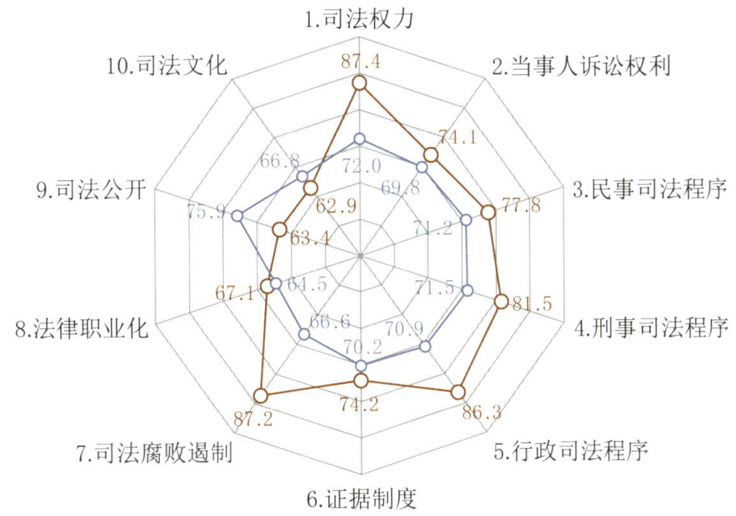

二级指标得分

海南各二级指标得分　　31 个省/自治区/直辖市各二级指标平均分

1.1 司法权力依法行使
1.2 司法权力独立行使
1.3 司法权力公正行使
1.4 司法权力主体受到信任与认同
1.5 司法裁判受到信任与认同
2.1 当事人享有不被强迫自证其罪的权利
2.2 当事人享有获得辩护、代理的权利
2.3 当事人享有证据性权利
81.6
68.1
96.1
61.8
95.6
79.9
80.6
72.7
82.9
77.5
75.4
75.7
65.9
67.4
59.1
66.2

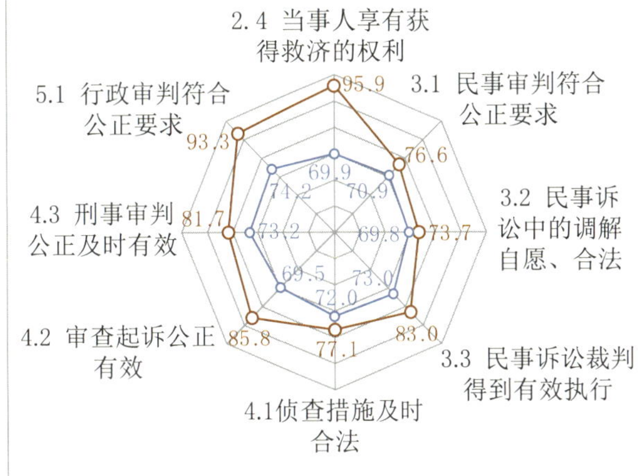

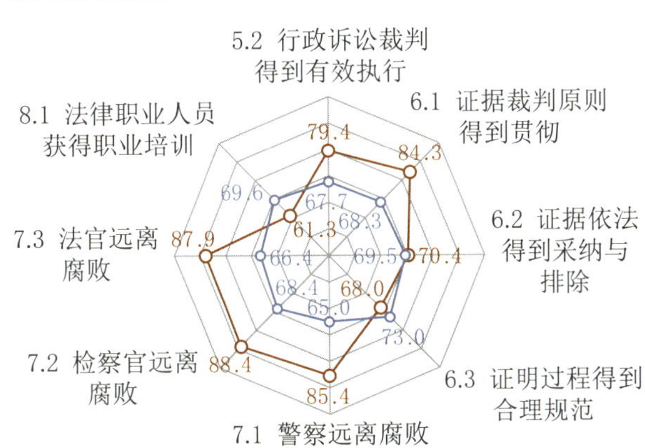

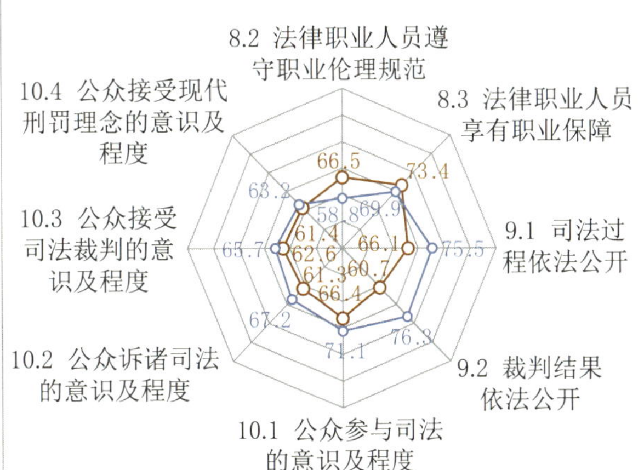

22. 重庆市（19/31）

一级指标得分和排名表

序　号	一级指标	得　分	31个省/自治区/直辖市平均分	排　名
指标1	司法权力	69.8	72.0	26/31
指标2	当事人诉讼权利	69.5	69.8	18/31
指标3	民事司法程序	70.1	71.2	20/31
指标4	刑事司法程序	71.7	71.5	15/31
指标5	行政司法程序	69.8	70.9	22/31
指标6	证据制度	71.0	70.2	10/31
指标7	司法腐败遏制	66.7	66.6	13/31
指标8	法律职业化	63.6	64.5	22/31
指标9	司法公开	75.1	75.9	22/31
指标10	司法文化	67.0	66.8	17/31
均　　分		69.4	70.0	19/31

二级指标排名表

二级指标	排　名	二级指标	排　名	二级指标	排　名	二级指标	排　名
1.1 司法权力依法行使	23/31	2.4 当事人享有获得救济的权利	12/31	5.2 行政诉讼裁判得到有效执行	30/31	8.2 法律职业人员遵守职业伦理规范	25/31
1.2 司法权力独立行使	22/31	3.1 民事审判符合公正要求	21/31	6.1 证据裁判原则得到贯彻	16/31	8.3 法律职业人员享有职业保障	17/31
1.3 司法权力公正行使	28/31	3.2 民事诉讼中的调解自愿、合法	18/31	6.2 证据依法得到采纳与排除	4/31	9.1 司法过程依法公开	22/31
1.4 司法权力主体受到信任与认同	27/31	3.3 民事诉讼裁判得到有效执行	23/31	6.3 证明过程得到合理规范	20/31	9.2 裁判结果依法公开	22/31
1.5 司法裁判受到信任与认同	23/31	4.1 侦查措施及时合法	28/31	7.1 警察远离腐败	10/31	10.1 公众参与司法的意识及程度	29/31
2.1 当事人享有不被强迫自证其罪的权利	7/31	4.2 审查起诉公正有效	6/31	7.2 检察官远离腐败	18/31	10.2 公众诉诸司法的意识及程度	18/31
2.2 当事人享有获得辩护、代理的权利	23/31	4.3 刑事审判公正及时有效	10/31	7.3 法官远离腐败	13/31	10.3 公众接受司法裁判的意识及程度	6/31
2.3 当事人享有证据性权利	25/31	5.1 行政审判符合公正要求	12/31	8.1 法律职业人员获得职业培训	18/31	10.4 公众接受现代刑罚理念的意识及程度	2/31

一级指标得分

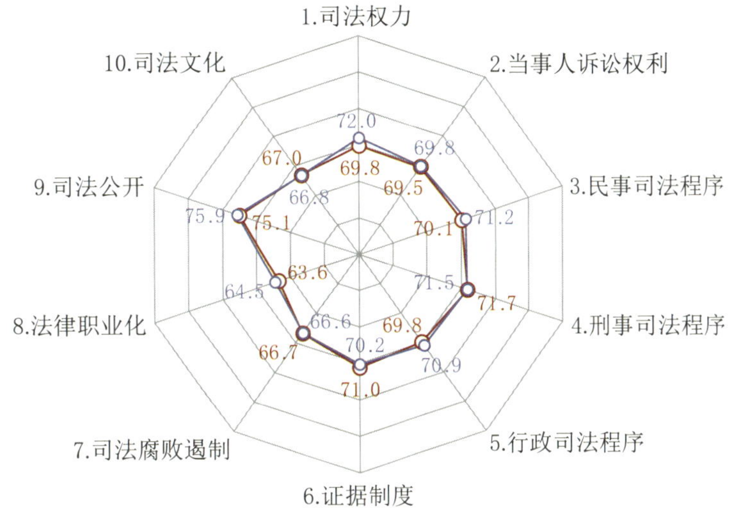

二级指标得分

重庆各二级指标得分　31个省/自治区/直辖市各二级指标平均分

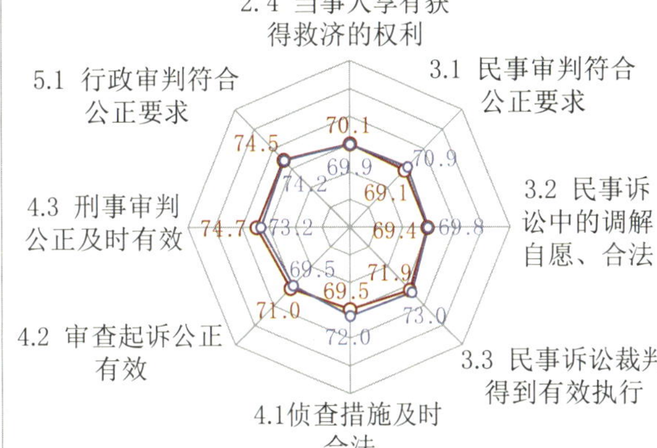

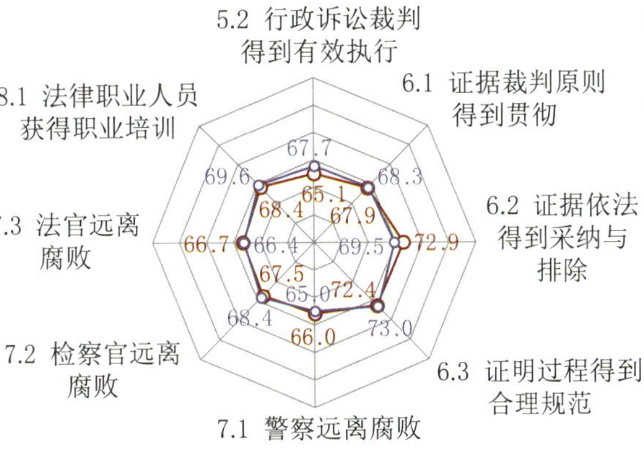

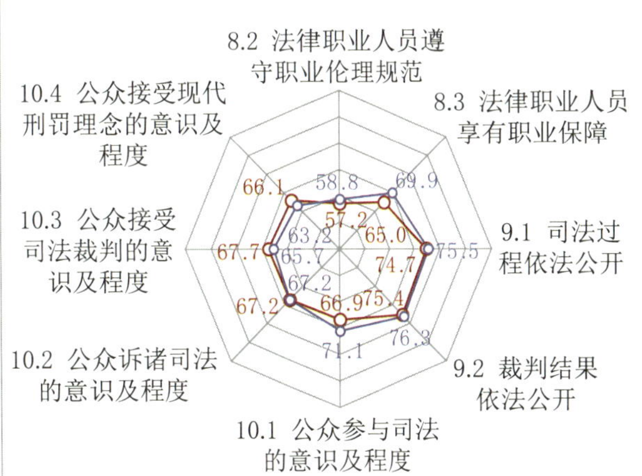

23. 四川省（25/31）

一级指标得分和排名表

序　号	一级指标	得　分	31个省/自治区/直辖市平均分	排　名
指标1	司法权力	70.3	72.0	24/31
指标2	当事人诉讼权利	68.5	69.8	25/31
指标3	民事司法程序	70.1	71.2	22/31
指标4	刑事司法程序	70.0	71.5	22/31
指标5	行政司法程序	68.8	70.9	26/31
指标6	证据制度	68.6	70.2	25/31
指标7	司法腐败遏制	65.9	66.6	19/31
指标8	法律职业化	64.7	64.5	15/31
指标9	司法公开	74.5	75.9	25/31
指标10	司法文化	66.0	66.8	23/31
均　分		68.7	70.0	25/31

二级指标排名表

二级指标	排　名	二级指标	排　名	二级指标	排　名	二级指标	排　名
1.1 司法权力依法行使	16/31	2.4 当事人享有获得救济的权利	26/31	5.2 行政诉讼裁判得到有效执行	24/31	8.2 法律职业人员遵守职业伦理规范	13/31
1.2 司法权力独立行使	26/31	3.1 民事审判符合公正要求	11/31	6.1 证据裁判原则得到贯彻	21/31	8.3 法律职业人员享有职业保障	26/31
1.3 司法权力公正行使	26/31	3.2 民事诉讼中的调解自愿、合法	24/31	6.2 证据依法得到采纳与排除	29/31	9.1 司法过程依法公开	20/31
1.4 司法权力主体受到信任与认同	24/31	3.3 民事诉讼裁判得到有效执行	30/31	6.3 证明过程得到合理规范	22/31	9.2 裁判结果依法公开	26/31
1.5 司法裁判受到信任与认同	19/31	4.1 侦查措施及时合法	25/31	7.1 警察远离腐败	22/31	10.1 公众参与司法的意识及程度	18/31
2.1 当事人享有不被强迫自证其罪的权利	21/31	4.2 审查起诉公正有效	13/31	7.2 检察官远离腐败	14/31	10.2 公众诉诸司法的意识及程度	21/31
2.2 当事人享有获得辩护、代理的权利	11/31	4.3 刑事审判公正及时有效	26/31	7.3 法官远离腐败	17/31	10.3 公众接受司法裁判的意识及程度	21/31
2.3 当事人享有证据性权利	24/31	5.1 行政审判符合公正要求	25/31	8.1 法律职业人员获得职业培训	9/31	10.4 公众接受现代刑罚理念的意识及程度	21/31

一级指标得分

31 个省/自治区/直辖市各一级指标平均分

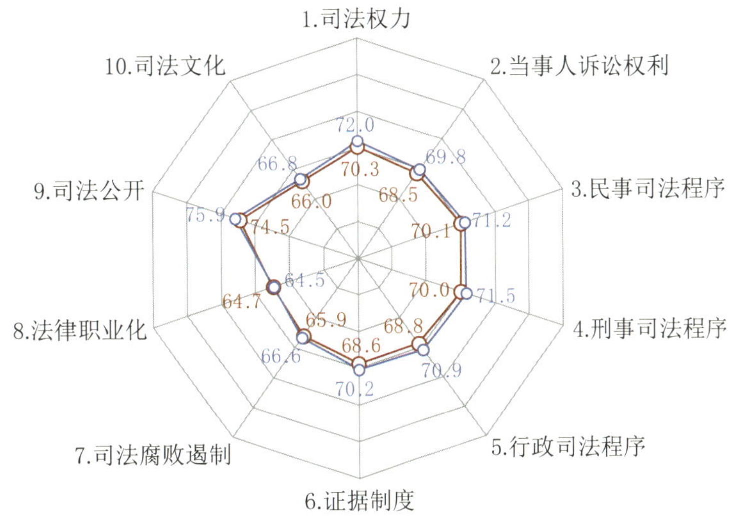

二级指标得分

四川各二级指标得分

31 个省/自治区/直辖市各二级指标平均分

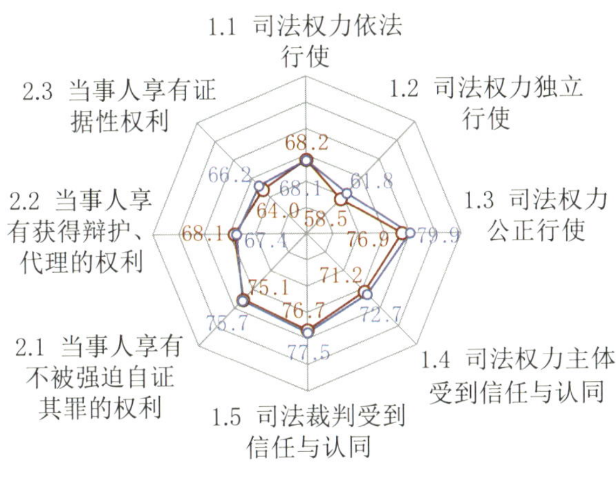

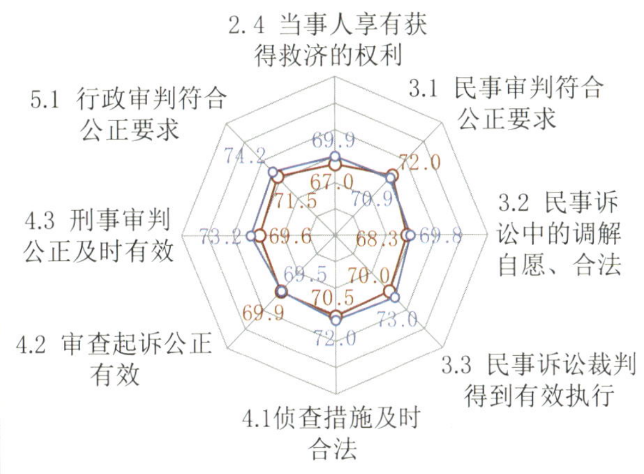

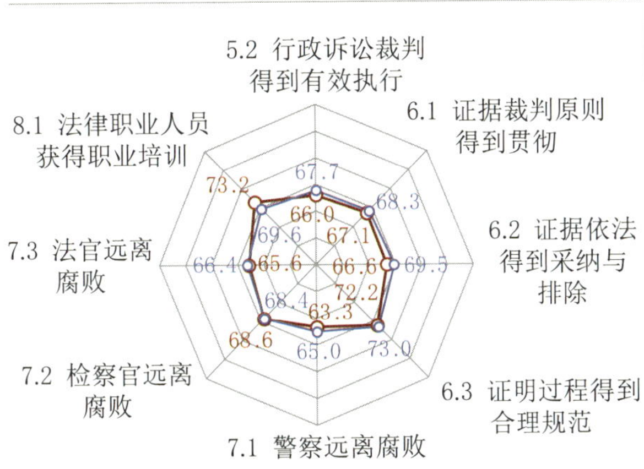

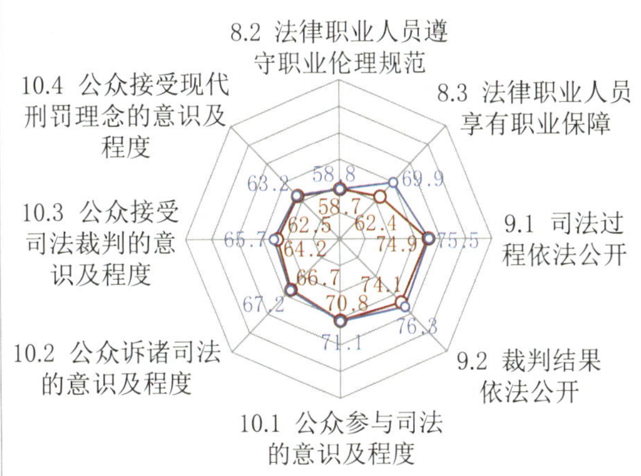

24. 贵州省（24/31）

一级指标得分和排名表

序　号	一级指标	得　分	31个省/自治区/直辖市平均分	排　名
指标1	司法权力	70.4	72.0	23/31
指标2	当事人诉讼权利	69.6	69.8	16/31
指标3	民事司法程序	71.5	71.2	13/31
指标4	刑事司法程序	70.0	71.5	21/31
指标5	行政司法程序	69.7	70.9	24/31
指标6	证据制度	69.6	70.2	19/31
指标7	司法腐败遏制	65.3	66.6	20/31
指标8	法律职业化	62.0	64.5	28/31
指标9	司法公开	73.3	75.9	28/31
指标10	司法文化	67.4	66.8	14/31
均　分		68.9	70.0	24/31

二级指标排名表

二级指标	排　名	二级指标	排　名	二级指标	排　名	二级指标	排　名
1.1 司法权力依法行使	24/31	2.4 当事人享有获得救济的权利	6/31	5.2 行政诉讼裁判得到有效执行	16/31	8.2 法律职业人员遵守职业伦理规范	10/31
1.2 司法权力独立行使	14/31	3.1 民事审判符合公正要求	19/31	6.1 证据裁判原则得到贯彻	8/31	8.3 法律职业人员享有职业保障	6/31
1.3 司法权力公正行使	17/31	3.2 民事诉讼中的调解自愿、合法	22/31	6.2 证据依法得到采纳与排除	17/31	9.1 司法过程依法公开	27/31
1.4 司法权力主体受到信任与认同	26/31	3.3 民事诉讼裁判得到有效执行	6/31	6.3 证明过程得到合理规范	26/31	9.2 裁判结果依法公开	29/31
1.5 司法裁判受到信任与认同	31/31	4.1 侦查措施及时合法	27/31	7.1 警察远离腐败	18/31	10.1 公众参与司法的意识及程度	12/31
2.1 当事人享有不被强迫自证其罪的权利	15/31	4.2 审查起诉公正有效	9/31	7.2 检察官远离腐败	21/31	10.2 公众诉诸司法的意识及程度	24/31
2.2 当事人享有获得辩护、代理的权利	30/31	4.3 刑事审判公正及时有效	27/31	7.3 法官远离腐败	20/31	10.3 公众接受司法裁判的意识及程度	3/31
2.3 当事人享有证据性权利	15/31	5.1 行政审判符合公正要求	23/31	8.1 法律职业人员获得职业培训	30/31	10.4 公众接受现代刑罚理念的意识及程度	27/31

一级指标得分

贵州各一级指标得分　　31 个省/自治区/直辖市各一级指标平均分

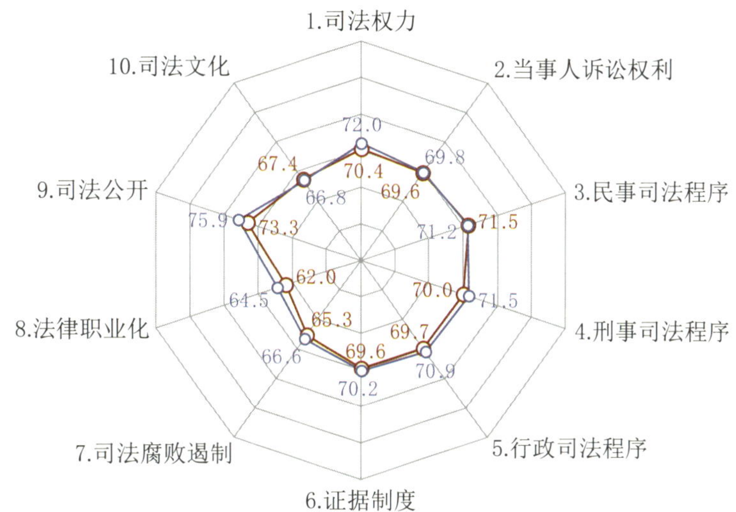

二级指标得分

贵州各二级指标得分　　31 个省/自治区/直辖市各二级指标平均分

1.1 司法权力依法行使
1.2 司法权力独立行使
1.3 司法权力公正行使
1.4 司法权力主体受到信任与认同
1.5 司法裁判受到信任与认同
2.1 当事人享有不被强迫自证其罪的权利
2.2 当事人享有获得辩护、代理的权利
2.3 当事人享有证据性权利
68.1
66.2
61.8
61.4
79.3
79.9
71.0
72.7
74.0
77.5
75.7
76.1
63.9
67.4
66.2
66.3

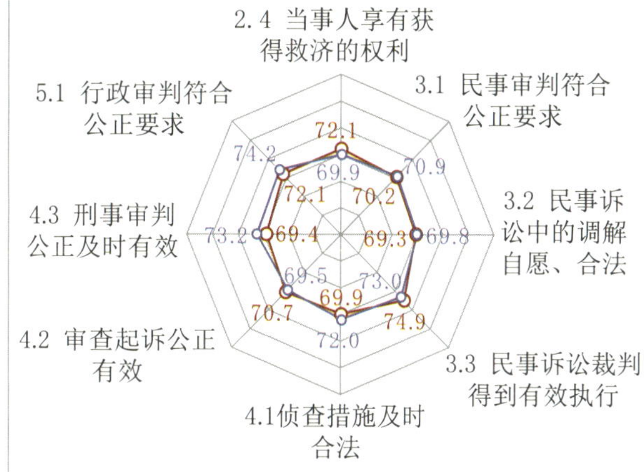

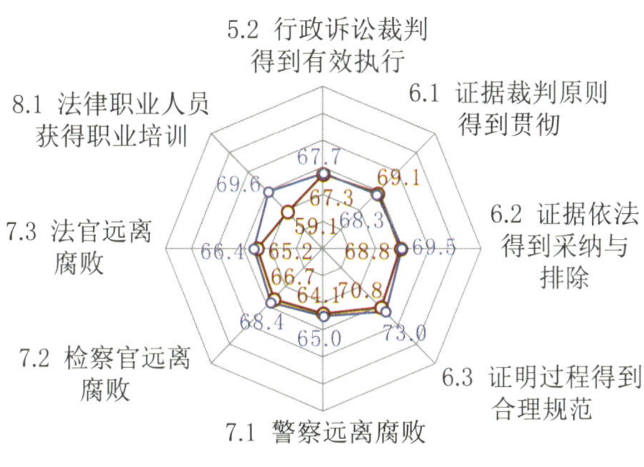

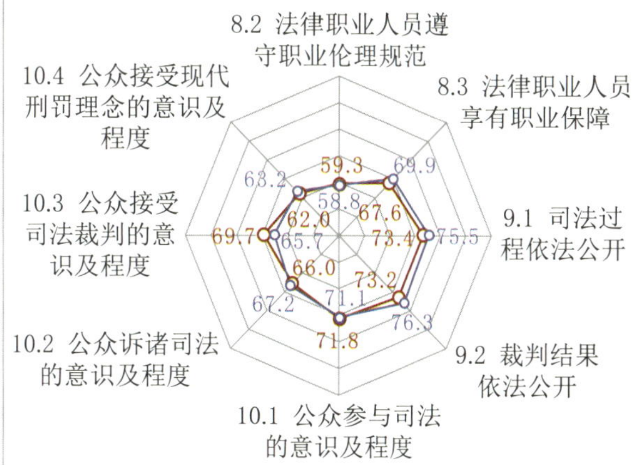

25. 云南省（3/31）

一级指标得分和排名表

序　号	一级指标	得　分	31 个省/自治区/直辖市平均分	排　名
指标 1	司法权力	75.5	72.0	2/31
指标 2	当事人诉讼权利	71.5	69.8	5/31
指标 3	民事司法程序	72.6	71.2	5/31
指标 4	刑事司法程序	72.1	71.5	12/31
指标 5	行政司法程序	72.2	70.9	6/31
指标 6	证据制度	71.7	70.2	7/31
指标 7	司法腐败遏制	69.9	66.6	3/31
指标 8	法律职业化	65.3	64.5	12/31
指标 9	司法公开	81.3	75.9	1/31
指标 10	司法文化	67.2	66.8	15/31
均　分		71.9	70.0	3/31

二级指标排名表

二级指标	排　名	二级指标	排　名	二级指标	排　名	二级指标	排　名
1.1 司法权力依法行使	3/31	2.4 当事人享有获得救济的权利	2/31	5.2 行政诉讼裁判得到有效执行	5/31	8.2 法律职业人员遵守职业伦理规范	23/31
1.2 司法权力独立行使	3/31	3.1 民事审判符合公正要求	4/31	6.1 证据裁判原则得到贯彻	5/31	8.3 法律职业人员享有职业保障	9/31
1.3 司法权力公正行使	2/31	3.2 民事诉讼中的调解自愿、合法	12/31	6.2 证据依法得到采纳与排除	6/31	9.1 司法过程依法公开	2/31
1.4 司法权力主体受到信任与认同	5/31	3.3 民事诉讼裁判得到有效执行	11/31	6.3 证明过程得到合理规范	12/31	9.2 裁判结果依法公开	1/31
1.5 司法裁判受到信任与认同	2/31	4.1 侦查措施及时合法	6/31	7.1 警察远离腐败	3/31	10.1 公众参与司法的意识及程度	19/31
2.1 当事人享有不被强迫自证其罪的权利	18/31	4.2 审查起诉公正有效	5/31	7.2 检察官远离腐败	2/31	10.2 公众诉诸司法的意识及程度	16/31
2.2 当事人享有获得辩护、代理的权利	10/31	4.3 刑事审判公正及时有效	23/31	7.3 法官远离腐败	2/31	10.3 公众接受司法裁判的意识及程度	7/31
2.3 当事人享有证据性权利	6/31	5.1 行政审判符合公正要求	11/31	8.1 法律职业人员获得职业培训	12/31	10.4 公众接受现代刑罚理念的意识及程度	11/31

一级指标得分

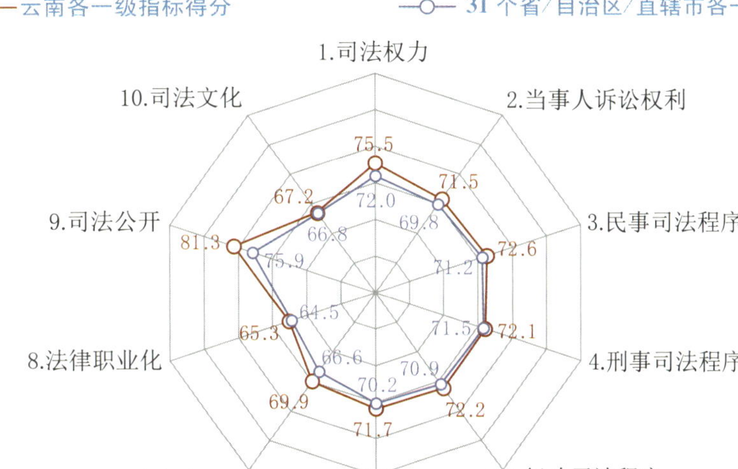

二级指标得分

云南各二级指标得分
31个省/自治区/直辖市各二级指标平均分

1.1 司法权力依法行使
1.2 司法权力独立行使
1.3 司法权力公正行使
1.4 司法权力主体受到信任与认同
1.5 司法裁判受到信任与认同
2.1 当事人享有不被强迫自证其罪的权利
2.2 当事人享有获得辩护、代理的权利
2.3 当事人享有证据性权利
71.3
68.1
65.7
61.8
84.1
79.9
75.2
72.7
81.1
77.5
75.6
75.7
68.2
67.4
68.9
66.2

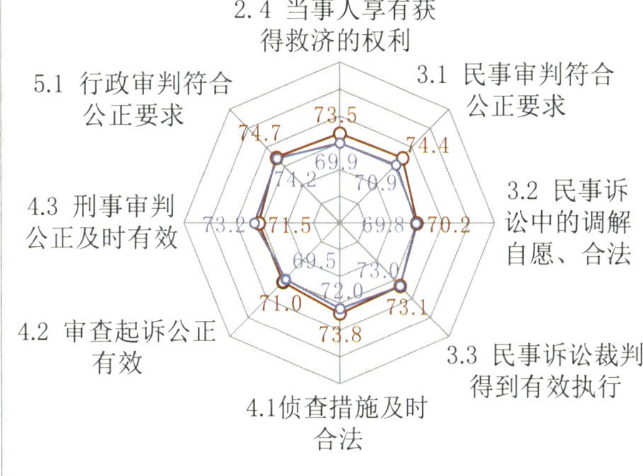

5.2 行政诉讼裁判得到有效执行
6.1 证据裁判原则得到贯彻
6.2 证据依法得到采纳与排除
6.3 证明过程得到合理规范
7.1 警察远离腐败
7.2 检察官远离腐败
7.3 法官远离腐败
8.1 法律职业人员获得职业培训
69.7
67.7
70.3
68.3
71.0
69.5
73.9
73.0
68.0
65.0
71.4
68.4
70.2
66.4
72.3
69.6

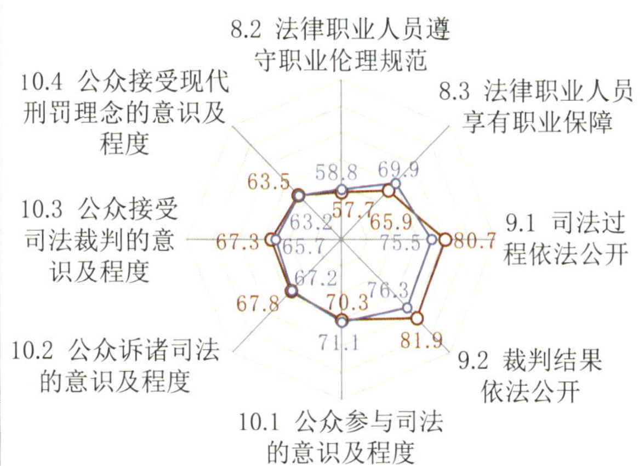

26. 西藏自治区（29/31）

一级指标得分和排名表

序　号	一级指标	得　分	31个省/自治区/直辖市平均分	排　名
指标1	司法权力	69.7	72.0	27/31
指标2	当事人诉讼权利	68.8	69.8	22/31
指标3	民事司法程序	69.1	71.2	31/31
指标4	刑事司法程序	69.5	71.5	28/31
指标5	行政司法程序	67.4	70.9	30/31
指标6	证据制度	70.8	70.2	12/31
指标7	司法腐败遏制	67.9	66.6	8/31
指标8	法律职业化	62.1	64.5	26/31
指标9	司法公开	72.8	75.9	30/31
指标10	司法文化	60.0	66.8	31/31
均　分		67.8	69.7	29/31

二级指标排名表

二级指标	排　名	二级指标	排　名	二级指标	排　名	二级指标	排　名
1.1司法权力依法行使	21/31	2.4当事人享有获得救济的权利	21/31	5.2行政诉讼裁判得到有效执行	25/31	8.2法律职业人员遵守职业伦理规范	3/31
1.2司法权力独立行使	28/31	3.1民事审判符合公正要求	29/31	6.1证据裁判原则得到贯彻	4/31	8.3法律职业人员享有职业保障	10/31
1.3司法权力公正行使	22/31	3.2民事诉讼中的调解自愿、合法	11/31	6.2证据依法得到采纳与排除	16/31	9.1司法过程依法公开	30/31
1.4司法权力主体受到信任与认同	18/31	3.3民事诉讼裁判得到有效执行	27/31	6.3证明过程得到合理规范	17/31	9.2裁判结果依法公开	27/31
1.5司法裁判受到信任与认同	28/31	4.1侦查措施及时合法	24/31	7.1警察远离腐败	7/31	10.1公众参与司法的意识及程度	31/31
2.1当事人享有不被强迫自证其罪的权利	30/31	4.2审查起诉公正有效	21/31	7.2检察官远离腐败	10/31	10.2公众诉诸司法的意识及程度	31/31
2.2当事人享有获得辩护、代理的权利	20/31	4.3刑事审判公正及时有效	25/31	7.3法官远离腐败	6/31	10.3公众接受司法裁判的意识及程度	29/31
2.3当事人享有证据性权利	10/31	5.1行政审判符合公正要求	29/31	8.1法律职业人员获得职业培训	31/31	10.4公众接受现代刑罚理念的意识及程度	31/31

级指标得分

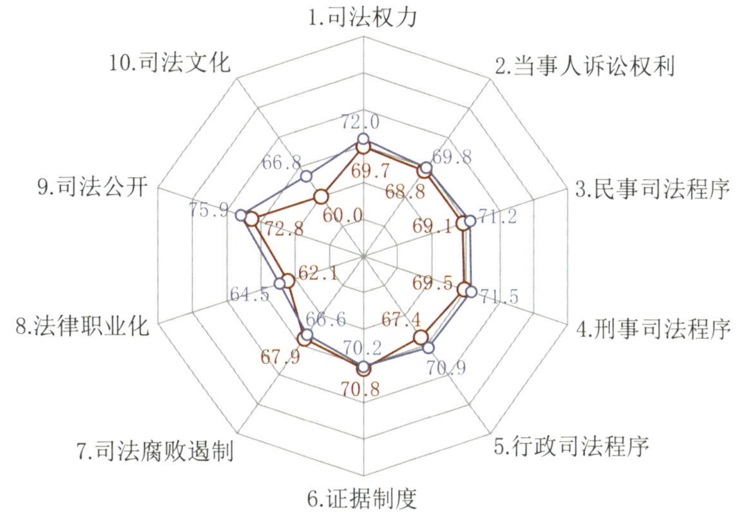

二级指标得分

西藏各二级指标得分　　31 个省/自治区/直辖市各二级指标平均分

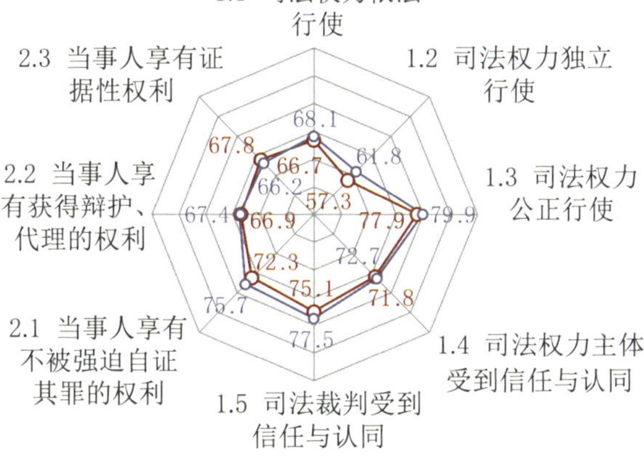

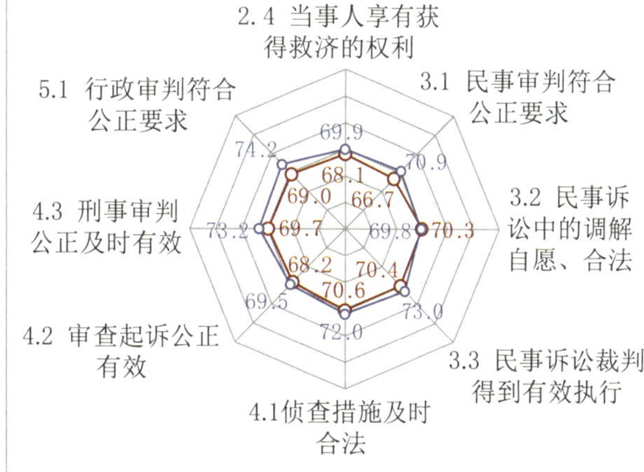

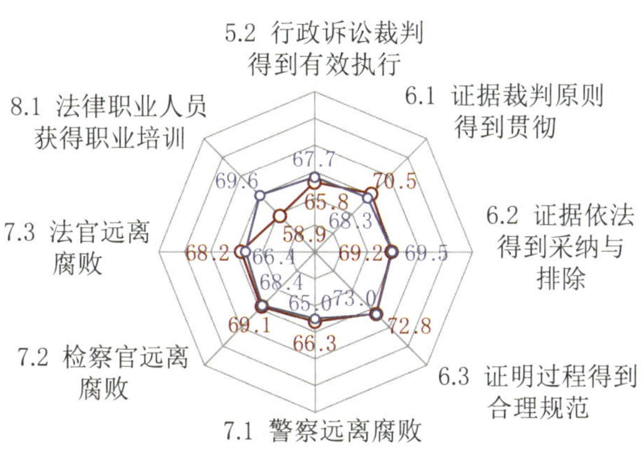

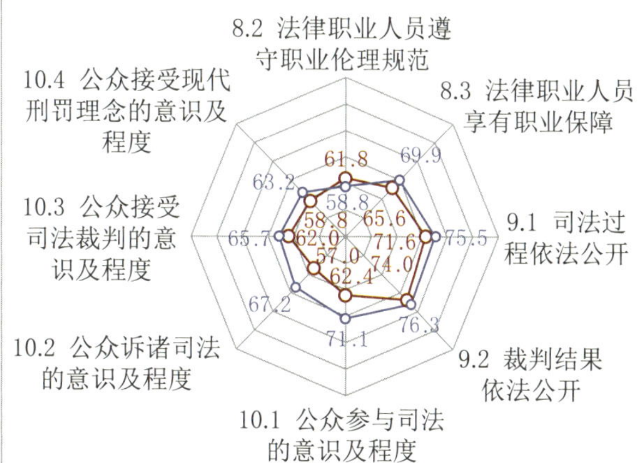

27. 陕西省（17/31）

一级指标得分和排名表

序　号	一级指标	得　分	31个省/自治区/直辖市平均分	排　名
指标1	司法权力	71.9	72.0	14/31
指标2	当事人诉讼权利	68.7	69.8	24/31
指标3	民事司法程序	70.9	71.2	15/31
指标4	刑事司法程序	69.7	71.5	26/31
指标5	行政司法程序	70.8	70.9	13/31
指标6	证据制度	69.8	70.2	18/31
指标7	司法腐败遏制	66.4	66.6	14/31
指标8	法律职业化	63.3	64.5	23/31
指标9	司法公开	77.6	75.9	8/31
指标10	司法文化	67.7	66.8	9/31
均　分		69.7	70.0	17/31

二级指标排名表

二级指标	排　名	二级指标	排　名	二级指标	排　名	二级指标	排　名
1.1 司法权力依法行使	28/31	2.4 当事人享有获得救济的权利	28/31	5.2 行政诉讼裁判得到有效执行	17/31	8.2 法律职业人员遵守职业伦理规范	27/31
1.2 司法权力独立行使	24/31	3.1 民事审判符合公正要求	18/31	6.1 证据裁判原则得到贯彻	14/31	8.3 法律职业人员享有职业保障	21/31
1.3 司法权力公正行使	7/31	3.2 民事诉讼中的调解自愿、合法	21/31	6.2 证据依法得到采纳与排除	24/31	9.1 司法过程依法公开	5/31
1.4 司法权力主体受到信任与认同	10/31	3.3 民事诉讼裁判得到有效执行	16/31	6.3 证明过程得到合理规范	14/31	9.2 裁判结果依法公开	9/31
1.5 司法裁判受到信任与认同	5/31	4.1 侦查措施及时合法	23/31	7.1 警察远离腐败	20/31	10.1 公众参与司法的意识及程度	11/31
2.1 当事人享有不被强迫自证其罪的权利	17/31	4.2 审查起诉公正有效	24/31	7.2 检察官远离腐败	12/31	10.2 公众诉诸司法的意识及程度	13/31
2.2 当事人享有获得辩护、代理的权利	5/31	4.3 刑事审判公正及时有效	24/31	7.3 法官远离腐败	12/31	10.3 公众接受司法裁判的意识及程度	17/31
2.3 当事人享有证据性权利	22/31	5.1 行政审判符合公正要求	14/31	8.1 法律职业人员获得职业培训	17/31	10.4 公众接受现代刑罚理念的意识及程度	7/31

一级指标得分

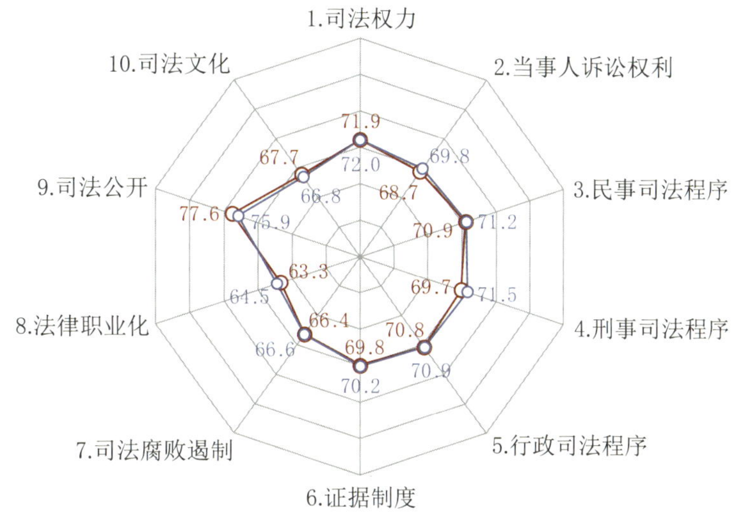

二级指标得分

陕西各二级指标得分
31 个省/自治区/直辖市各二级指标平均分

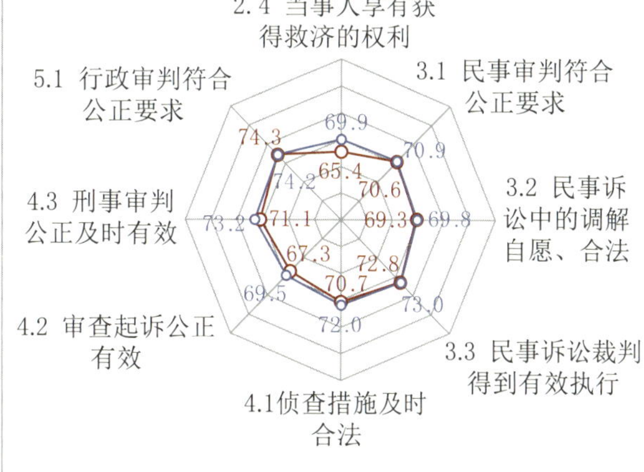

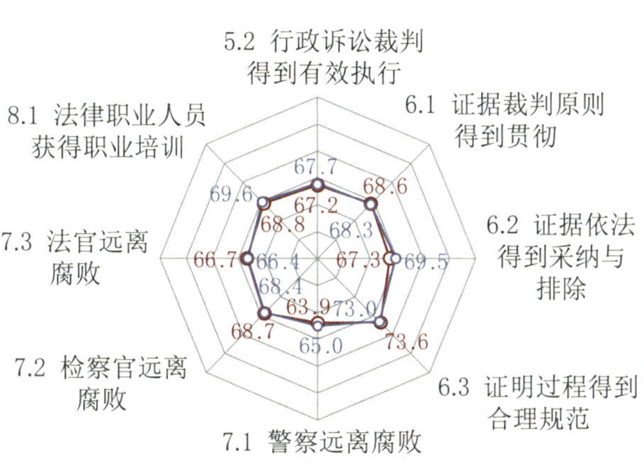

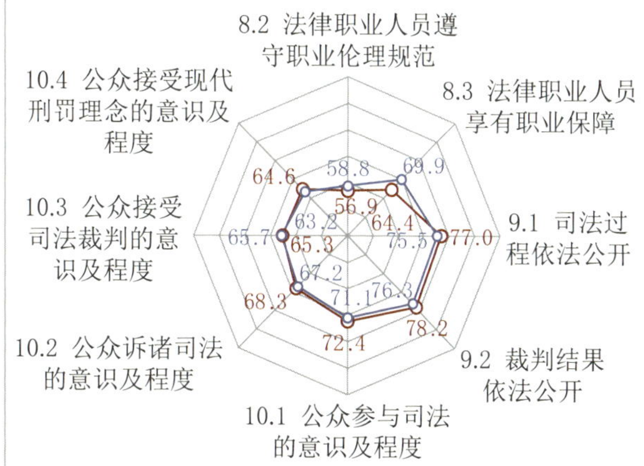

28. 甘肃省（13/31）

一级指标得分和排名表

序　号	一级指标	得　分	31个省/自治区/直辖市平均分	排　名
指标1	司法权力	72.5	72.0	11/31
指标2	当事人诉讼权利	71.7	69.8	4/31
指标3	民事司法程序	69.9	71.2	24/31
指标4	刑事司法程序	73.1	71.5	5/31
指标5	行政司法程序	69.8	70.9	21/31
指标6	证据制度	71.1	70.2	9/31
指标7	司法腐败遏制	68.4	66.6	5/31
指标8	法律职业化	61.1	64.5	31/31
指标9	司法公开	75.0	75.9	23/31
指标10	司法文化	66.7	66.8	18/31
均　分		69.9	70.0	13/31

二级指标排名表

二级指标	排　名	二级指标	排　名	二级指标	排　名	二级指标	排　名
1.1 司法权力依法行使	5/31	2.4 当事人享有获得救济的权利	4/31	5.2 行政诉讼裁判得到有效执行	26/31	8.2 法律职业人员遵守职业伦理规范	6/31
1.2 司法权力独立行使	8/31	3.1 民事审判符合公正要求	27/31	6.1 证据裁判原则得到贯彻	23/31	8.3 法律职业人员享有职业保障	29/31
1.3 司法权力公正行使	9/31	3.2 民事诉讼中的调解自愿、合法	8/31	6.2 证据依法得到采纳与排除	10/31	9.1 司法过程依法公开	28/31
1.4 司法权力主体受到信任与认同	17/31	3.3 民事诉讼裁判得到有效执行	26/31	6.3 证明过程得到合理规范	3/31	9.2 裁判结果依法公开	12/31
1.5 司法裁判受到信任与认同	18/31	4.1 侦查措施及时合法	8/31	7.1 警察远离腐败	6/31	10.1 公众参与司法的意识及程度	28/31
2.1 当事人享有不被强迫自证其罪的权利	2/31	4.2 审查起诉公正有效	7/31	7.2 检察官远离腐败	6/31	10.2 公众诉诸司法的意识及程度	12/31
2.2 当事人享有获得辩护、代理的权利	31/31	4.3 刑事审判公正及时有效	7/31	7.3 法官远离腐败	7/31	10.3 公众接受司法裁判的意识及程度	10/31
2.3 当事人享有证据性权利	3/31	5.1 行政审判符合公正要求	16/31	8.1 法律职业人员获得职业培训	28/31	10.4 公众接受现代刑罚理念的意识及程度	17/31

一级指标得分

甘肃各一级指标得分　　31个省/自治区/直辖市各一级指标平均分

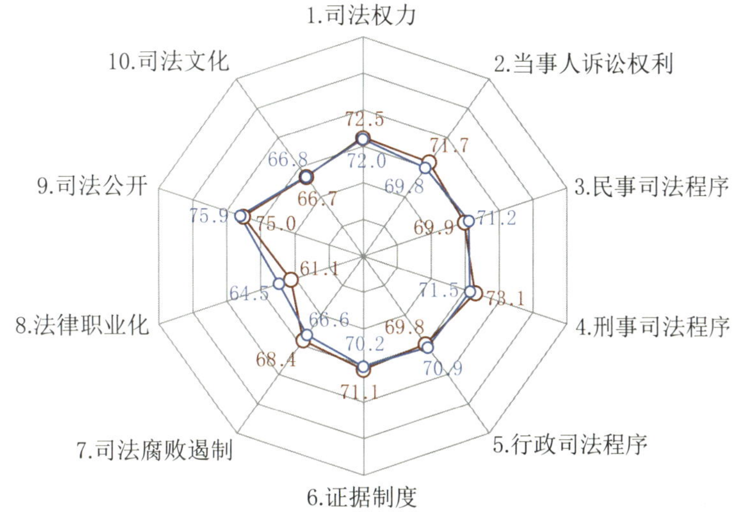

二级指标得分

甘肃各二级指标得分　　31个省/自治区/直辖市各二级指标平均分

1.1 司法权力依法行使
1.2 司法权力独立行使
1.3 司法权力公正行使
1.4 司法权力主体受到信任与认同
1.5 司法裁判受到信任与认同
2.1 当事人享有不被强迫自证其罪的权利
2.2 当事人享有获得辩护、代理的权利
2.3 当事人享有证据性权利
69.8
68.1
62.5
61.8
79.9
81.6
71.9
72.7
76.9
77.5
75.7
78.6
67.4
63.7
66.2
71.5

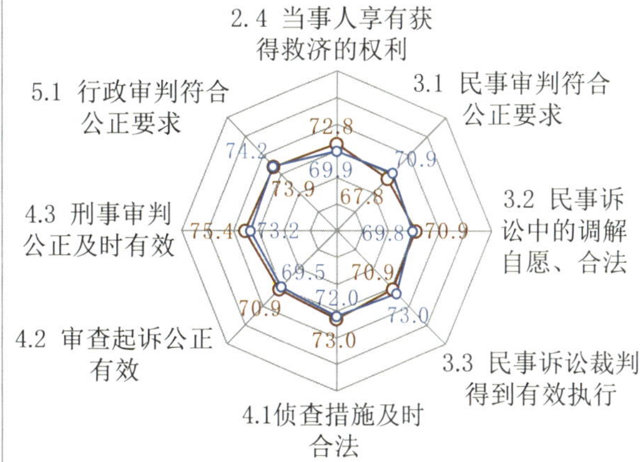

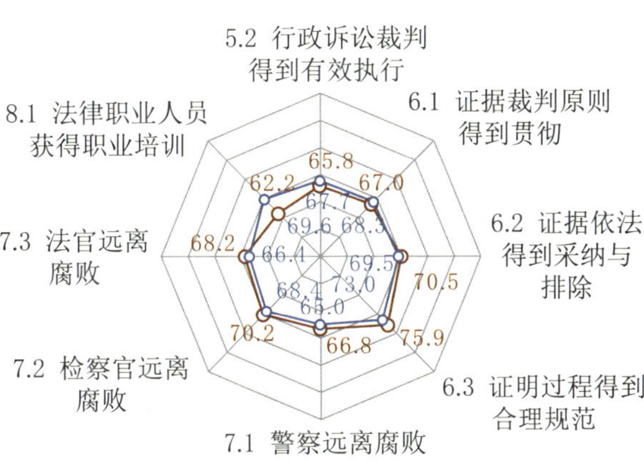

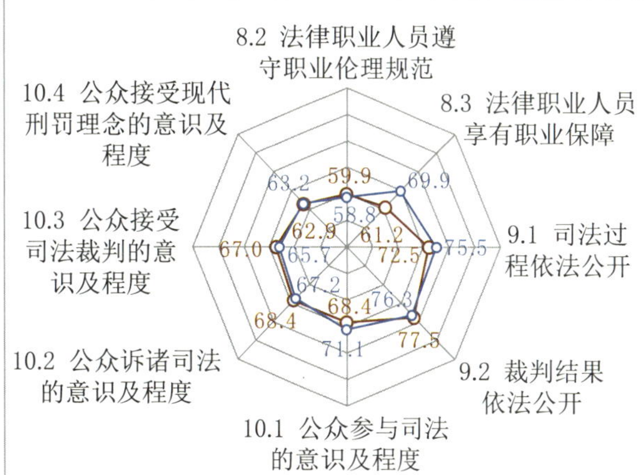

29. 青海省（9/31）

一级指标得分和排名表

序　号	一级指标	得　分	31个省/自治区/直辖市平均分	排　名
指标1	司法权力	72.7	72.0	8/31
指标2	当事人诉讼权利	70.1	69.8	12/31
指标3	民事司法程序	72.1	71.2	7/31
指标4	刑事司法程序	70.8	71.5	19/31
指标5	行政司法程序	72.9	70.9	5/31
指标6	证据制度	67.9	70.2	28/31
指标7	司法腐败遏制	66.7	66.6	12/31
指标8	法律职业化	68.5	64.5	1/31
指标9	司法公开	77.8	75.9	7/31
指标10	司法文化	70.2	66.8	2/31
均　　分		71.0	70.0	9/31

二级指标排名表

二级指标	排　名	二级指标	排　名	二级指标	排　名	二级指标	排　名
1.1 司法权力依法行使	22/31	2.4 当事人享有获得救济的权利	9/31	5.2 行政诉讼裁判得到有效执行	2/31	8.2 法律职业人员遵守职业伦理规范	4/31
1.2 司法权力独立行使	2/31	3.1 民事审判符合公正要求	8/31	6.1 证据裁判原则得到贯彻	24/31	8.3 法律职业人员享有职业保障	2/31
1.3 司法权力公正行使	25/31	3.2 民事诉讼中的调解自愿、合法	25/31	6.2 证据依法得到采纳与排除	28/31	9.1 司法过程依法公开	9/31
1.4 司法权力主体受到信任与认同	7/31	3.3 民事诉讼裁判得到有效执行	4/31	6.3 证明过程得到合理规范	27/31	9.2 裁判结果依法公开	8/31
1.5 司法裁判受到信任与认同	8/31	4.1 侦查措施及时合法	14/31	7.1 警察远离腐败	11/31	10.1 公众参与司法的意识及程度	2/31
2.1 当事人享有不被强迫自证其罪的权利	16/31	4.2 审查起诉公正有效	25/31	7.2 检察官远离腐败	13/31	10.2 公众诉诸司法的意识及程度	3/31
2.2 当事人享有获得辩护、代理的权利	8/31	4.3 刑事审判公正及时有效	17/31	7.3 法官远离腐败	14/31	10.3 公众接受司法裁判的意识及程度	1/31
2.3 当事人享有证据性权利	18/31	5.1 行政审判符合公正要求	13/31	8.1 法律职业人员获得职业培训	6/31	10.4 公众接受现代刑罚理念的意识及程度	26/31

一级指标得分

—○— 青海各一级指标得分　　—○— 31 个省/自治区/直辖市各一级指标平均分

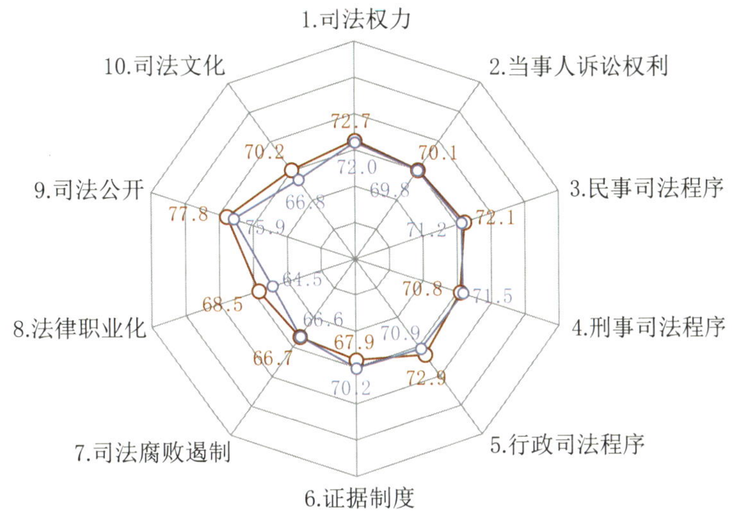

二级指标得分

—○— 青海各二级指标得分　　—○— 31 个省/自治区/直辖市各二级指标平均分

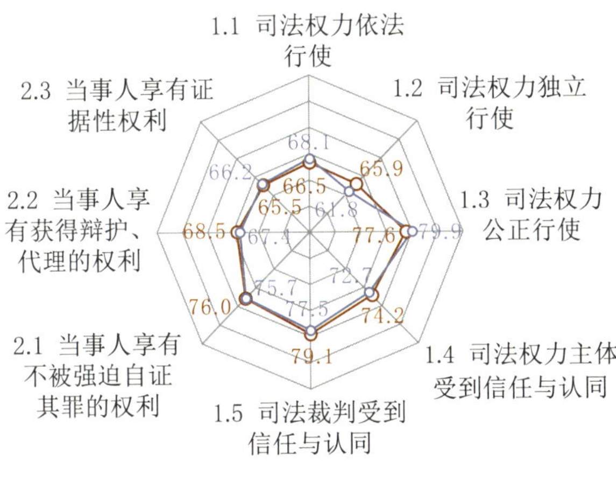

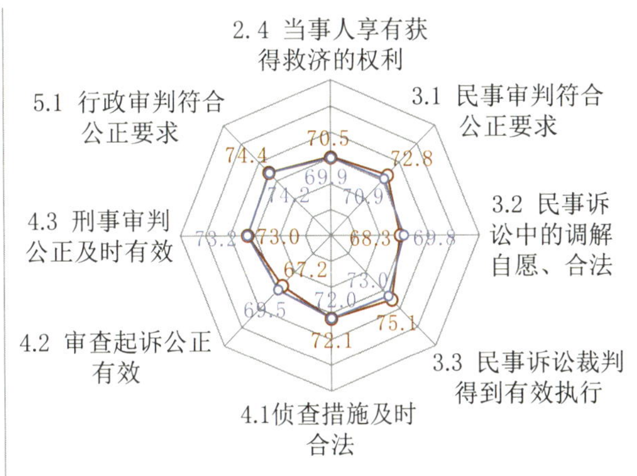

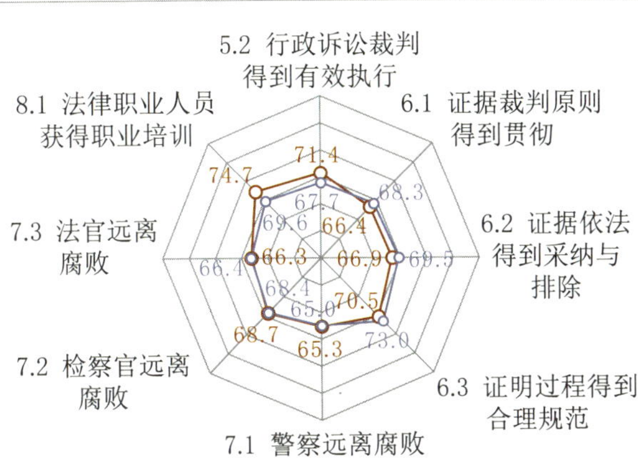

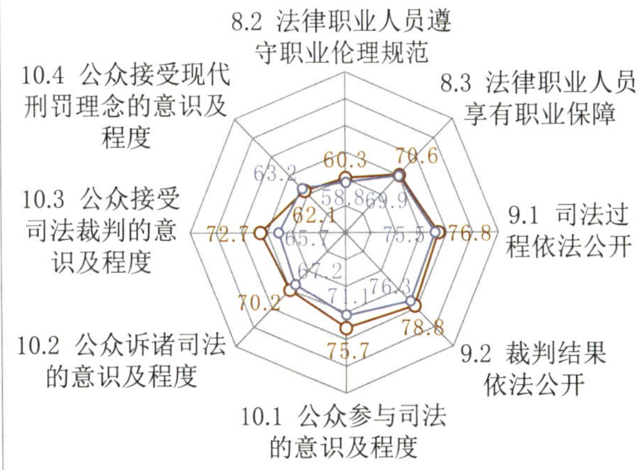

30. 宁夏回族自治区（5/31）

一级指标得分和排名表

序　号	一级指标	得　分	31个省/自治区/直辖市平均分	排　名
指标1	司法权力	74.5	72.0	3/31
指标2	当事人诉讼权利	72.9	69.8	2/31
指标3	民事司法程序	72.5	71.2	6/31
指标4	刑事司法程序	72.4	71.5	7/31
指标5	行政司法程序	70.4	70.9	15/31
指标6	证据制度	72.2	70.2	5/31
指标7	司法腐败遏制	67.2	66.6	9/31
指标8	法律职业化	64.6	64.5	16/31
指标9	司法公开	79.2	75.9	3/31
指标10	司法文化	68.3	66.8	4/31
均　分		71.4	70.0	5/31

二级指标排名表

二级指标	排　名	二级指标	排　名	二级指标	排　名	二级指标	排　名
1.1 司法权力依法行使	2/31	2.4 当事人享有获得救济的权利	5/31	5.2 行政诉讼裁判得到有效执行	13/31	8.2 法律职业人员遵守职业伦理规范	9/31
1.2 司法权力独立行使	11/31	3.1 民事审判符合公正要求	5/31	6.1 证据裁判原则得到贯彻	13/31	8.3 法律职业人员享有职业保障	15/31
1.3 司法权力公正行使	4/31	3.2 民事诉讼中的调解自愿、合法	9/31	6.2 证据依法得到采纳与排除	7/31	9.1 司法过程依法公开	3/31
1.4 司法权力主体受到信任与认同	3/31	3.3 民事诉讼裁判得到有效执行	13/31	6.3 证明过程得到合理规范	1/31	9.2 裁判结果依法公开	3/31
1.5 司法裁判受到信任与认同	4/31	4.1 侦查措施及时合法	3/31	7.1 警察远离腐败	13/31	10.1 公众参与司法的意识及程度	3/31
2.1 当事人享有不被强迫自证其罪的权利	5/31	4.2 审查起诉公正有效	12/31	7.2 检察官远离腐败	7/31	10.2 公众诉诸司法的意识及程度	10/31
2.2 当事人享有获得辩护、代理的权利	3/31	4.3 刑事审判公正及时有效	21/31	7.3 法官远离腐败	11/31	10.3 公众接受司法裁判的意识及程度	9/31
2.3 当事人享有证据性权利	2/31	5.1 行政审判符合公正要求	18/31	8.1 法律职业人员获得职业培训	15/31	10.4 公众接受现代刑罚理念的意识及程度	20/31

一级指标得分

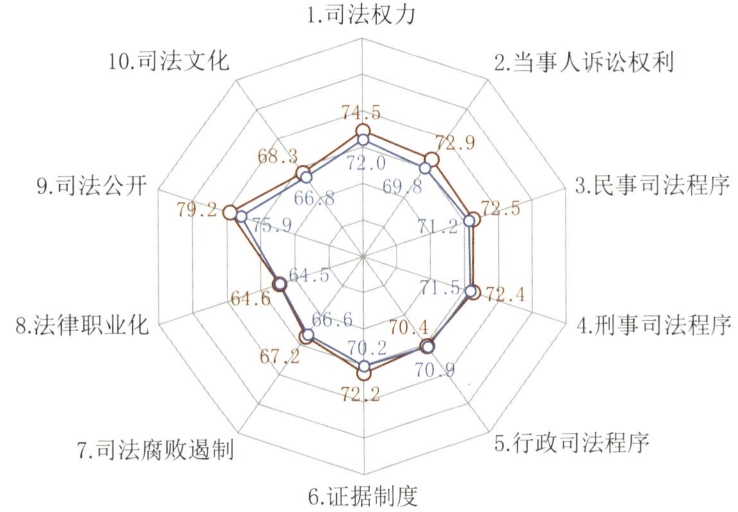

二级指标得分

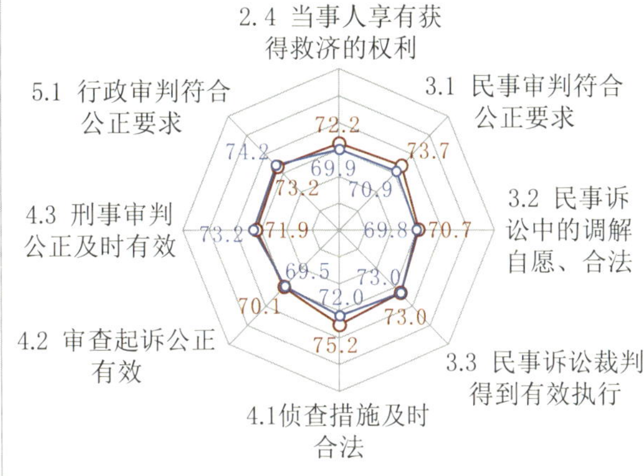

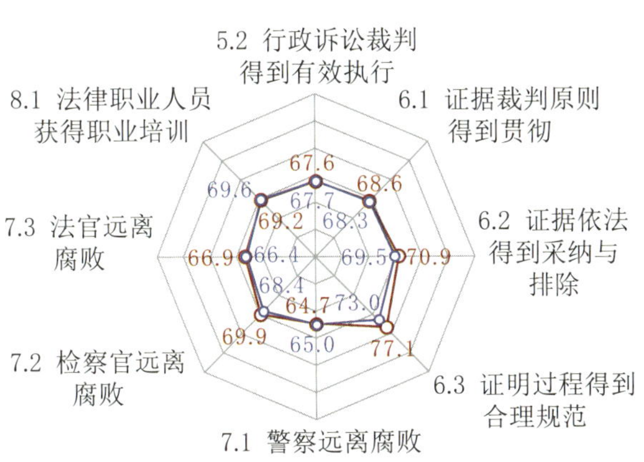

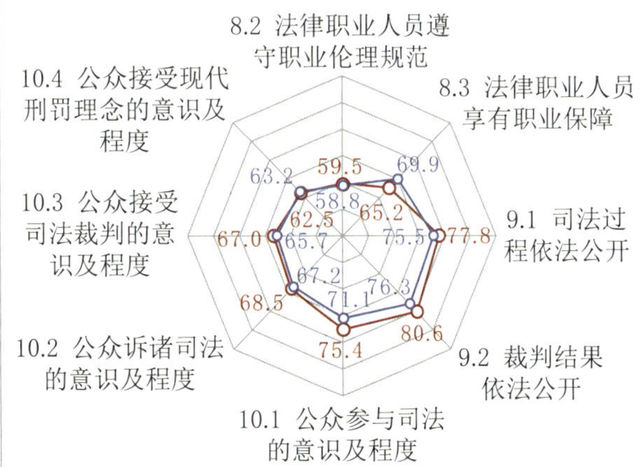

31. 新疆维吾尔自治区（23/31）

一级指标得分和排名表

序　号	一级指标	得　分	31个省/自治区/直辖市平均分	排　名
指标1	司法权力	71.4	72.0	17/31
指标2	当事人诉讼权利	69.6	69.8	17/31
指标3	民事司法程序	70.0	71.2	23/31
指标4	刑事司法程序	68.0	71.5	31/31
指标5	行政司法程序	67.8	70.9	29/31
指标6	证据制度	68.7	70.2	24/31
指标7	司法腐败遏制	68.0	66.6	7/31
指标8	法律职业化	64.6	64.5	17/31
指标9	司法公开	74.9	75.9	24/31
指标10	司法文化	66.7	66.8	19/31
均　分		69.0	70.0	23/31

二级指标排名表

二级指标	排　名	二级指标	排　名	二级指标	排　名	二级指标	排　名
1.1 司法权力依法行使	26/31	2.4 当事人享有获得救济的权利	25/31	5.2 行政诉讼裁判得到有效执行	8/31	8.2 法律职业人员遵守职业伦理规范	2/31
1.2 司法权力独立行使	15/31	3.1 民事审判符合公正要求	30/31	6.1 证据裁判原则得到贯彻	29/31	8.3 法律职业人员享有职业保障	4/31
1.3 司法权力公正行使	21/31	3.2 民事诉讼中的调解自愿、合法	14/31	6.2 证据依法得到采纳与排除	15/31	9.1 司法过程依法公开	26/31
1.4 司法权力主体受到信任与认同	6/31	3.3 民事诉讼裁判得到有效执行	10/31	6.3 证明过程得到合理规范	21/31	9.2 裁判结果依法公开	20/31
1.5 司法裁判受到信任与认同	14/31	4.1 侦查措施及时合法	19/31	7.1 警察远离腐败	9/31	10.1 公众参与司法的意识及程度	8/31
2.1 当事人享有不被强迫自证其罪的权利	26/31	4.2 审查起诉公正有效	31/31	7.2 检察官远离腐败	5/31	10.2 公众诉诸司法的意识及程度	8/31
2.2 当事人享有获得辩护、代理的权利	17/31	4.3 刑事审判公正及时有效	31/31	7.3 法官远离腐败	10/31	10.3 公众接受司法裁判的意识及程度	22/31
2.3 当事人享有证据性权利	4/31	5.1 行政审判符合公正要求	30/31	8.1 法律职业人员获得职业培训	27/31	10.4 公众接受现代刑罚理念的意识及程度	30/31

一级指标得分

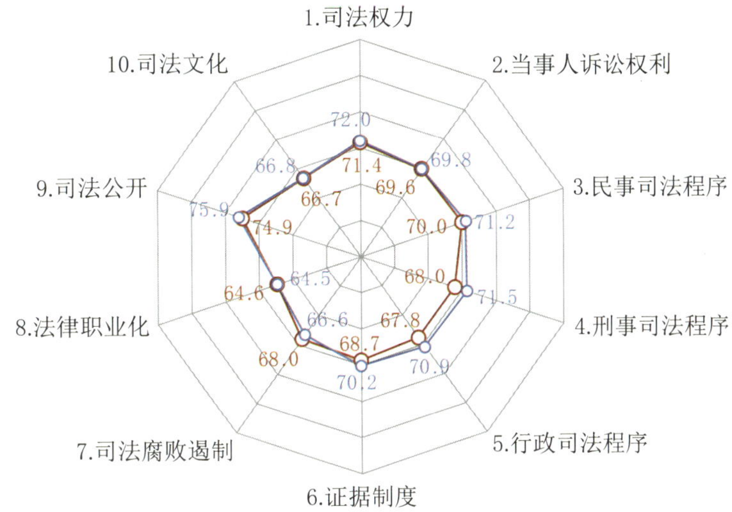

二级指标得分

新疆各二级指标得分　31个省/自治区/直辖市各二级指标平均分

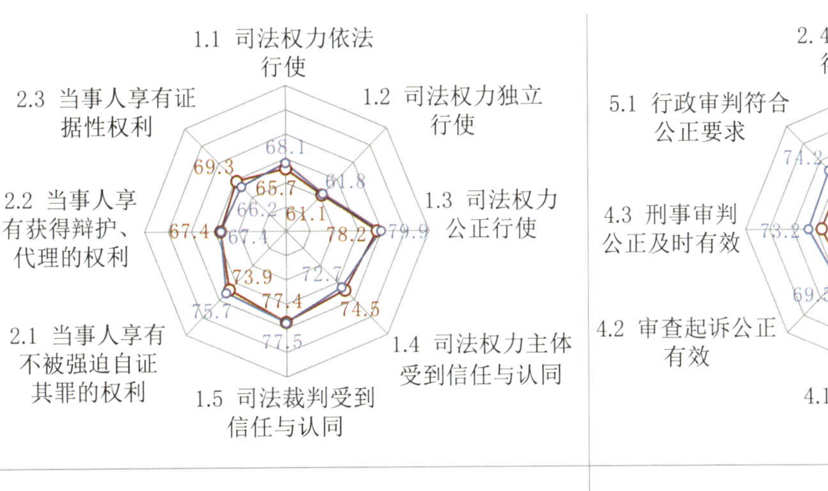

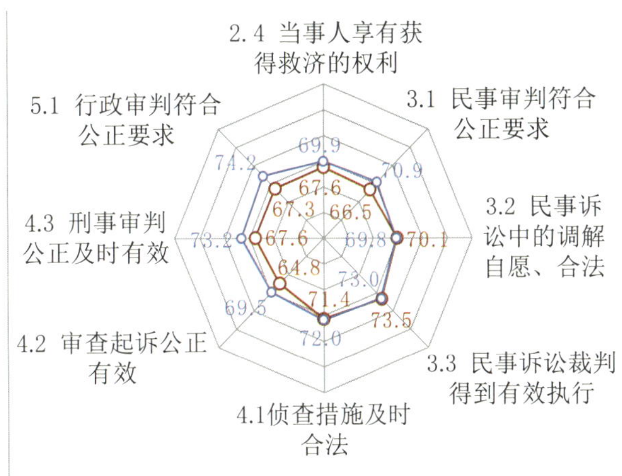

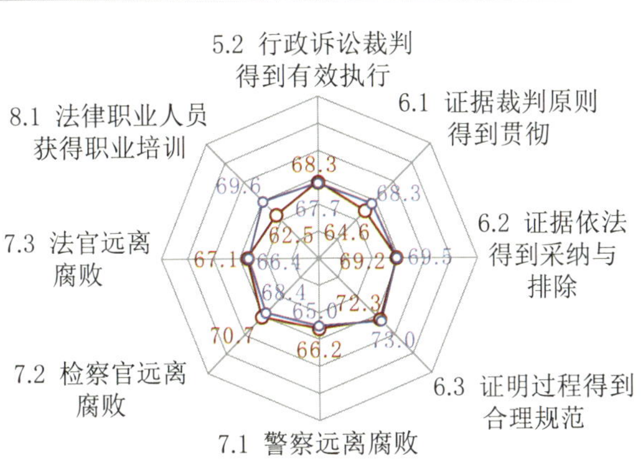

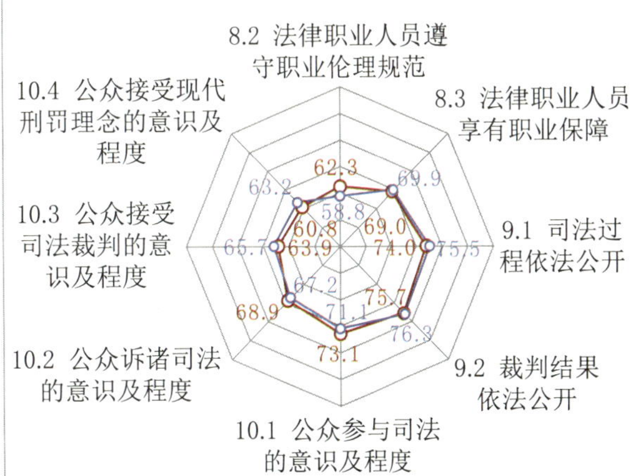

第二节　指标得分排名分析

本次调查结果显示，2017年中国司法文明指数总得分为70.0分（满分为100分），较之去年（68.2分）有所上升。从10个一级指标的平均得分来看，“司法公开”得分最高（75.9分），所有指标的得分都在及格线（60分）以上，其中“法律职业化”以64.5分垫底。

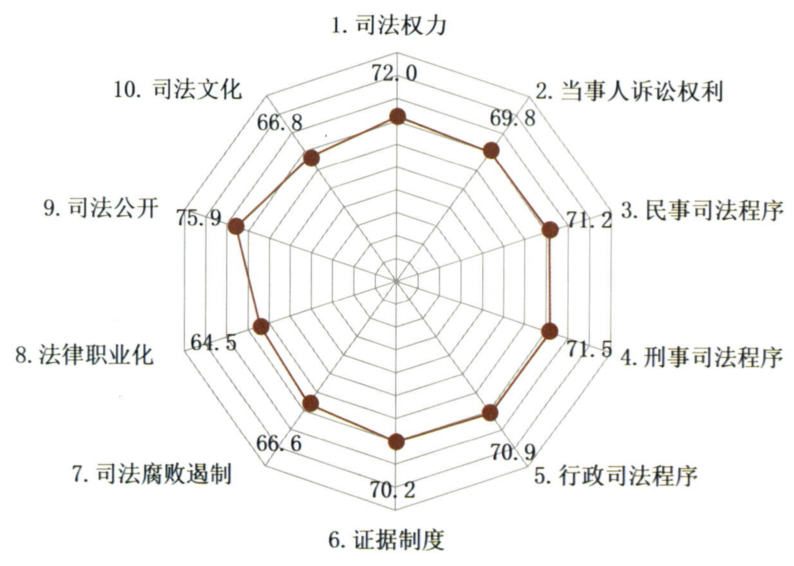

图3　一级指标得分分布图

注：雷达图的中心点（起始值）为0分，最外圈（最大值）为100分，等距同心圆间隔为10分，下同。

表1　31个省/自治区/直辖市司法文明指数总得分和各一级指标得分及其排名表

省/自治区/直辖市	总得分（排名）	1. 司法权力（排名）	2. 当事人诉讼权利（排名）	3. 民事司法程序（排名）	4. 刑事司法程序（排名）	5. 行政司法程序（排名）	6. 证据制度（排名）	7. 司法腐败遏制（排名）	8. 法律职业化（排名）	9. 司法公开（排名）	10. 司法文化（排名）
北　京	68.7（26/31）	69.6（28/31）	66.4（31/31）	69.4（29/31）	69.7（27/31）	70.2（18/31）	67.5（29/31）	64.4（24/31）	67.7（2/31）	74.3（26/31）	67.6（10/31）
天　津	69.1（22/31）	70.6（20/31）	68.0（28/31）	71.8（12/31）	71.6（17/31）	71.7（9/31）	68.8（23/31）	64.0（25/31）	63.3（24/31）	73.0（29/31）	67.7（8/31）
河　北	70.3（11/31）	72.6（10/31）	70.4（11/31）	70.7（17/31）	72.5（6/31）	71.8（8/31）	71.6（8/31）	65.3（21/31）	65.3（11/31）	76.0（16/31）	66.2（22/31）
山　西	69.1（21/31）	70.9（18/31）	68.8（23/31）	69.4（28/31）	72.0（13/31）	70.2（20/31）	70.1（15/31）	66.2（15/31）	61.5（30/31）	75.9（18/31）	65.9（24/31）
内蒙古	69.8（14/31）	72.4（12/31）	70.0（14/31）	71.2（14/31）	71.7（16/31）	69.8（23/31）	69.5（20/31）	66.1（16/31）	63.6（21/31）	76.9（11/31）	67.0（16/31）
辽　宁	69.8（15/31）	71.7（15/31）	70.1（13/31）	72.0（9/31）	70.4（20/31）	70.2（19/31）	68.6（26/31）	63.7（27/31）	67.3（3/31）	76.6（13/31）	67.4（13/31）
吉　林	71.0（8/31）	73.2（5/31）	72.1（3/31）	72.0（10/31）	72.3（9/31）	70.4（16/31）	73.0（4/31）	66.0（18/31）	66.1（7/31）	77.3（10/31）	68.1（6/31）
黑龙江	68.6（27/31）	70.5（21/31）	69.1（21/31）	69.6（26/31）	69.9（24/31）	70.3（17/31）	68.5（27/31）	63.5（28/31）	63.3（25/31）	76.4（14/31）	64.7（29/31）

续表

省/自治区/直辖市	总得分（排名）	1. 司法权力（排名）	2. 当事人诉讼权利（排名）	3. 民事司法程序（排名）	4. 刑事司法程序（排名）	5. 行政司法程序（排名）	6. 证据制度（排名）	7 司法腐败遏制（排名）	8. 法律职业化（排名）	9. 司法公开（排名）	10. 司法文化（排名）
上海	71.5（4/31）	72.4（13/31）	71.3（7/31）	73.8（3/31）	73.8（3/31）	73.6（3/31）	74.5（1/31）	66.8（11/31）	66.3（6/31）	77.9（6/31）	65.0（28/31）
江苏	71.2（6/31）	73.1（6/31）	70.6（8/31）	72.6（4/31）	73.2（4/31）	71.8（7/31）	69.9（16/31）	68.4（6/31）	66.8（5/31）	78.4（4/31）	67.5（12/31）
浙江	73.1（2/31）	74.3（4/31）	71.5（6/31）	74.9（2/31）	75.5（2/31）	74.1（2/31）	72.1（6/31）	70.0（2/31）	65.6（9/31）	80.8（2/31）	71.8（1/31）
安徽	70.3（10/31）	73.1（7/31）	68.5（26/31）	70.1（21/31）	71.9（14/31）	71.4（10/31）	69.5（21/31）	69.1（4/31）	64.4（18/31）	76.6（12/31）	68.3（5/31）
福建	70.0（12/31）	71.6（16/31）	69.2（20/31）	70.2（18/31）	72.4（8/31）	68.6（27/31）	70.5（13/31）	67.2（10/31）	64.0（19/31）	78.1（5/31）	68.0（7/31）
江西	69.7（16/31）	70.1（25/31）	70.5（10/31）	72.1（8/31）	72.3（10/31）	70.5（14/31）	70.9（11/31）	61.7（31/31）	65.4（10/31）	76.0（17/31）	67.6（11/31）
山东	71.1（7/31）	72.6（9/31）	70.5（9/31）	70.9（16/31）	71.4（18/31）	73.4（4/31）	73.9（3/31）	66.1（17/31）	64.9（14/31）	77.6（9/31）	69.4（3/31）
河南	69.2（20/31）	70.7（19/31）	69.7（15/31）	69.4（27/31）	69.9（23/31）	71.1（11/31）	70.5（14/31）	63.9（26/31）	65.0（13/31）	75.2（21/31）	66.2（21/31）
湖北	67.4（31/31）	68.8（30/31）	68.1（27/31）	70.1（19/31）	68.0（30/31）	66.5（31/31）	66.8（31/31）	64.9（22/31）	62.0（27/31）	73.4（27/31）	65.2（27/31）
湖南	67.6（30/31）	68.6（31/31）	67.4（30/31）	69.1（30/31）	69.8（25/31）	69.1（25/31）	66.8（30/31）	62.1（29/31）	61.5（29/31）	75.4（20/31）	66.6（20/31）
广东	69.7（18/31）	70.4（22/31）	69.4（19/31）	71.9（11/31）	72.3（11/31）	70.8（12/31）	69.9（17/31）	64.4（23/31）	65.8（8/31）	76.2（15/31）	65.7（25/31）
广西	67.9（28/31）	69.3（29/31）	67.7（29/31）	69.8（25/31）	68.6（29/31）	67.9（28/31）	68.9（22/31）	61.9（30/31）	63.9（20/31）	75.5（19/31）	65.6（26/31）
海南	76.2（1/31）	87.4（1/31）	74.1（1/31）	77.8（1/31）	81.5（1/31）	86.3（1/31）	74.2（2/31）	87.2（1/31）	67.1（4/31）	63.4（31/31）	62.9（30/31）
重庆	69.4（19/31）	69.8（26/31）	69.5（18/31）	70.1（20/31）	71.7（15/31）	69.8（22/31）	71.0（10/31）	66.7（13/31）	63.6（22/31）	75.1（22/31）	67.0（17/31）
四川	68.7（25/31）	70.3（24/31）	68.5（25/31）	70.1（22/31）	70.0（22/31）	68.8（26/31）	68.6（25/31）	65.9（19/31）	64.7（15/31）	74.5（25/31）	66.0（23/31）
贵州	68.9（24/31）	70.4（23/31）	69.6（16/31）	71.5（13/31）	70.0（21/31）	69.7（24/31）	69.6（19/31）	65.3（20/31）	62.0（28/31）	73.3（28/31）	67.4（14/31）
云南	71.9（3/31）	75.5（2/31）	71.5（5/31）	72.6（5/31）	72.1（12/31）	72.2（6/31）	71.7（7/31）	69.9（3/31）	65.3（12/31）	81.3（1/31）	67.2（15/31）
西藏	67.8（29/31）	69.7（27/31）	68.8（22/31）	69.1（31/31）	69.5（28/31）	67.4（30/31）	70.8（12/31）	67.9（8/31）	62.1（26/31）	72.8（30/31）	60.0（31/31）
陕西	69.7（17/31）	71.9（14/31）	68.7（24/31）	70.9（15/31）	69.7（26/31）	70.8（13/31）	69.8（18/31）	66.4（14/31）	63.3（23/31）	77.6（8/31）	67.7（9/31）
甘肃	69.9（13/31）	72.5（11/31）	71.7（4/31）	69.9（24/31）	73.1（5/31）	69.8（21/31）	71.1（9/31）	68.4（5/31）	61.1（31/31）	75.0（23/31）	66.7（18/31）
青海	71.0（9/31）	72.7（8/31）	70.1（12/31）	72.1（7/31）	70.8（19/31）	72.9（5/31）	67.9（28/31）	66.7（12/31）	68.5（1/31）	77.8（7/31）	70.2（2/31）
宁夏	71.4（5/31）	74.5（3/31）	72.9（2/31）	72.5（6/31）	72.4（7/31）	70.4（15/31）	72.2（5/31）	67.2（9/31）	64.6（16/31）	79.2（3/31）	68.3（4/31）
新疆	69.0（23/31）	71.4（17/31）	69.6（17/31）	70.0（23/31）	68.0（31/31）	67.8（29/31）	68.7（24/31）	68.0（7/31）	64.6（17/31）	74.9（24/31）	66.7（19/31）

指标 1　司法权力（2/10）

在10个一级指标中，“司法权力”以72.0分位列第2名。全国31个省/自治区/直辖市中，海南得分最高（87.4分），湖南得分最低（68.6分），二者相差18.8分。

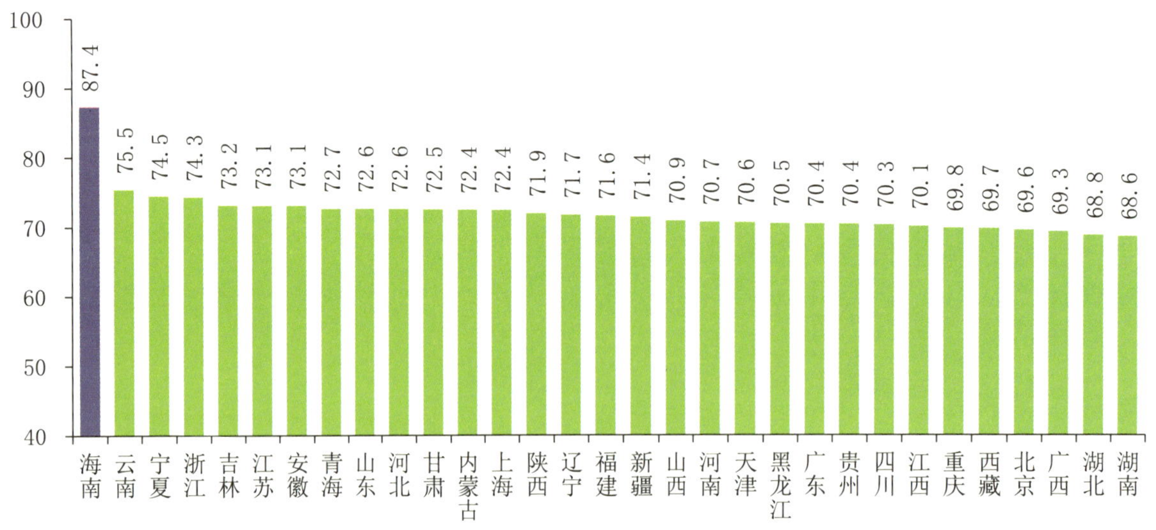

图4　31个省/自治区/直辖市“司法权力”一级指标得分比较

我们用以下5个二级指标来测量“司法权力”，具体为：①司法权力依法行使；②司法权力独立行使；③司法权力公正行使；④司法权力主体受到信任与认同；⑤司法裁判受到信任与认同。在这5个二级指标中，“司法权力公正行使”得分最高（79.9分），其次是“司法裁判受到信任与认同”（77.5分），再次是“司法权力主体受到信任与认同”（72.7分），然后是“司法权力依法行使”（68.1分），最后是“司法权力独立行使”（61.8分）。

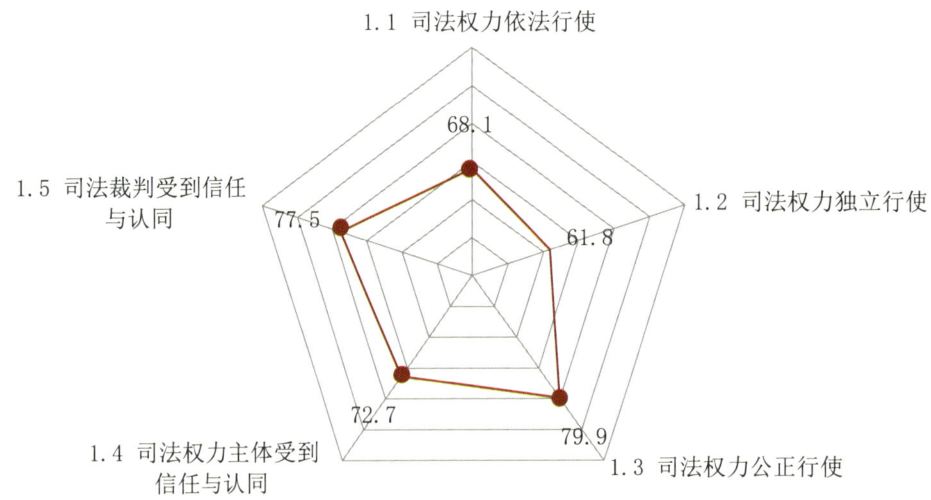

图5　“司法权力”对应的各二级指标得分情况

表 2　“司法权力”对应的 5 个二级指标 31 个省/自治区/直辖市得分排名

序号	省/自治区/直辖市	1.1 司法权力依法行使	1.2 司法权力独立行使	1.3 司法权力公正行使	1.4 司法权力主体受到信任与认同	1.5 司法裁判受到信任与认同
1	北　京	8	27	30	28	24
2	天　津	30	19	12	20	12
3	河　北	13	4	19	9	15
4	山　西	25	18	14	16	21
5	内蒙古	15	9	13	8	13
6	辽　宁	12	17	23	13	9
7	吉　林	17	6	6	12	10
8	黑龙江	20	7	29	31	22
9	上　海	11	12	5	23	11
10	江　苏	9	13	16	4	7
11	浙　江	7	10	3	2	3
12	安　徽	6	5	10	14	17
13	福　建	18	16	15	15	16
14	江　西	4	31	24	22	26
15	山　东	14	20	8	11	6
16	河　南	19	21	18	21	20
17	湖　北	27	23	31	25	30
18	湖　南	29	29	27	30	29
19	广　东	10	25	20	29	27
20	广　西	31	30	11	19	25
21	海　南	1	1	1	1	1
22	重　庆	23	22	28	27	23
23	四　川	16	26	26	24	19
24	贵　州	24	14	17	26	31
25	云　南	3	3	2	5	2
26	西　藏	21	28	22	18	28
27	陕　西	28	24	7	10	5
28	甘　肃	5	8	9	17	18
29	青　海	22	2	25	7	8
30	宁　夏	2	11	4	3	4
31	新　疆	26	15	21	6	14

指标 2 当事人诉讼权利（7/10）

在 10 个一级指标中，“当事人诉讼权利”以 69.8 分位列第 7 名。全国 31 个省/自治区/直辖市中，海南得分最高（74.1 分），北京得分最低（66.4 分），二者相差 7.7 分。

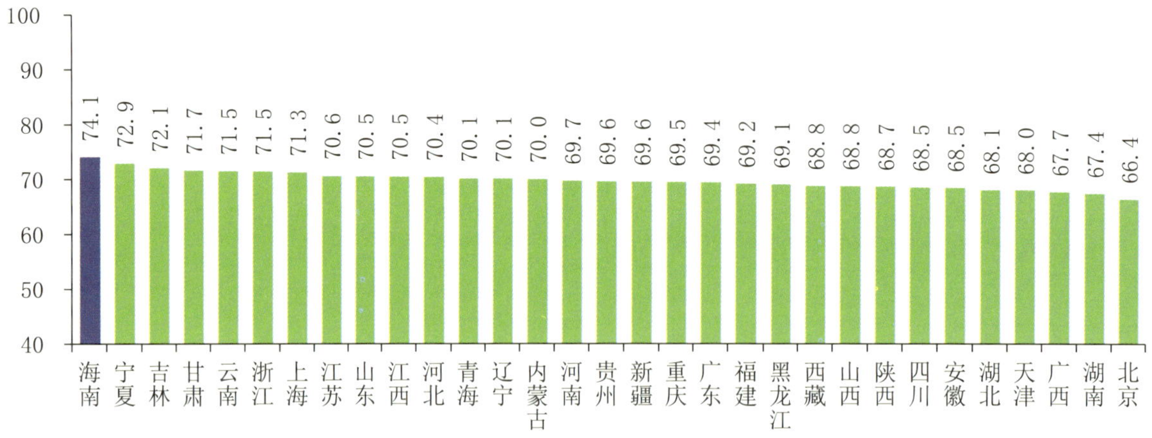

图 6 31 个省/自治区/直辖市“当事人诉讼权利”一级指标得分比较

我们用以下 4 个二级指标来测量“当事人诉讼权利”，具体为：①当事人享有不被强迫自证其罪的权利；②当事人享有获得辩护、代理的权利；③当事人享有证据性权利；④当事人享有获得救济的权利。在这 4 个二级指标中，“当事人享有不被强迫自证其罪的权利”得分最高（75.7 分），且是唯一得分超过 70 分的指标，其次是“当事人享有获得救济的权利”（69.9 分）和“当事人享有获得辩护、代理的权利”（67.4 分），“当事人享有证据性权利”的得分最低（66.2 分）。

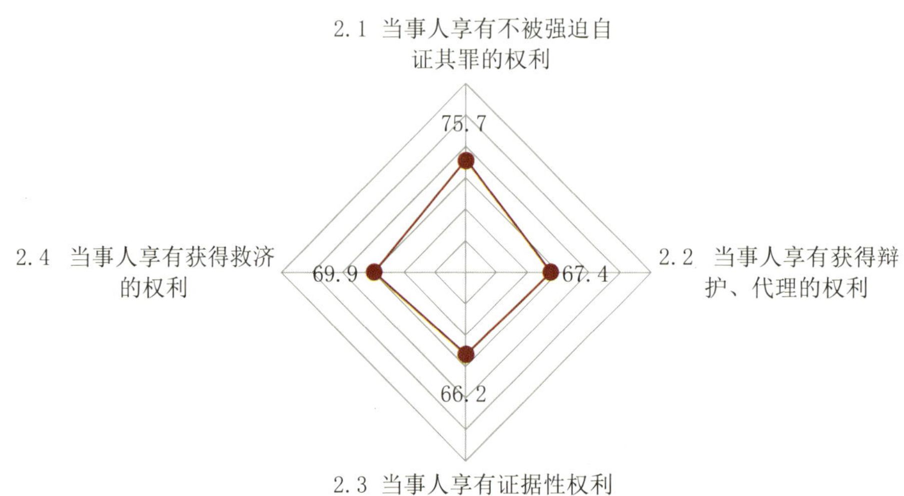

图 7 “当事人诉讼权利”对应的各二级指标得分情况

表 3　“当事人诉讼权利”对应的 4 个二级指标 31 个省/自治区/直辖市得分排名

序号	省/自治区/直辖市	2.1 当事人享有不被强迫自证其罪的权利	2.2 当事人享有获得辩护、代理的权利	2.3 当事人享有证据性权利	2.4 当事人享有获得救济的权利
1	北　京	31	29	30	22
2	天　津	29	6	16	31
3	河　北	6	16	19	8
4	山　西	3	27	21	27
5	内蒙古	19	24	7	14
6	辽　宁	14	15	8	17
7	吉　林	12	21	1	3
8	黑龙江	27	9	17	20
9	上　海	1	7	9	13
10	江　苏	9	2	20	10
11	浙　江	11	1	12	11
12	安　徽	25	13	13	30
13	福　建	4	19	28	15
14	江　西	8	18	5	23
15	山　东	23	4	14	7
16	河　南	10	26	11	16
17	湖　北	22	22	29	18
18	湖　南	28	28	27	24
19	广　东	13	12	23	19
20	广　西	24	14	26	29
21	海　南	20	25	31	1
22	重　庆	7	23	25	12
23	四　川	21	11	24	26
24	贵　州	15	30	15	6
25	云　南	18	10	6	2
26	西　藏	30	20	10	21
27	陕　西	17	5	22	28
28	甘　肃	2	31	3	4
29	青　海	16	8	18	9
30	宁　夏	5	3	2	5
31	新　疆	26	17	4	25

指标3　民事司法程序（4/10）

在10个一级指标中，“民事司法程序”以71.2分位列第4名。全国31个省/自治区/直辖市中，海南得分最高（77.8分），西藏得分最低（69.1分），二者相差8.7分。

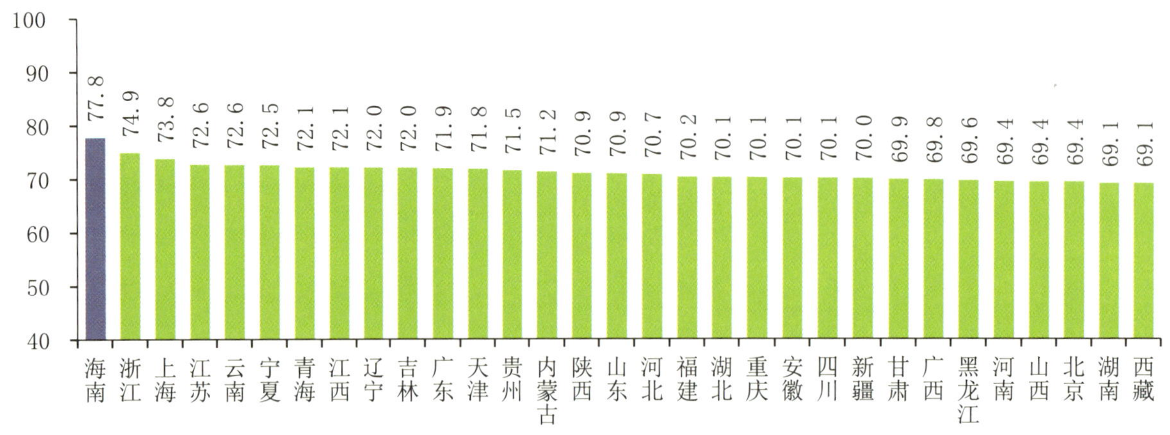

图8　31个省/自治区/直辖市“民事司法程序”一级指标得分比较

我们用以下3个二级指标来测量“民事司法程序”，具体为：①民事审判符合公正要求；②民事诉讼中的调解自愿、合法；③民事诉讼裁判得到有效执行。3个二级指标得分差异不大，“民事诉讼裁判得到有效执行”得分最高（73.0分），其次是“民事审判符合公正要求”（70.9分），最后是“民事诉讼中的调解自愿、合法”（69.8分）。

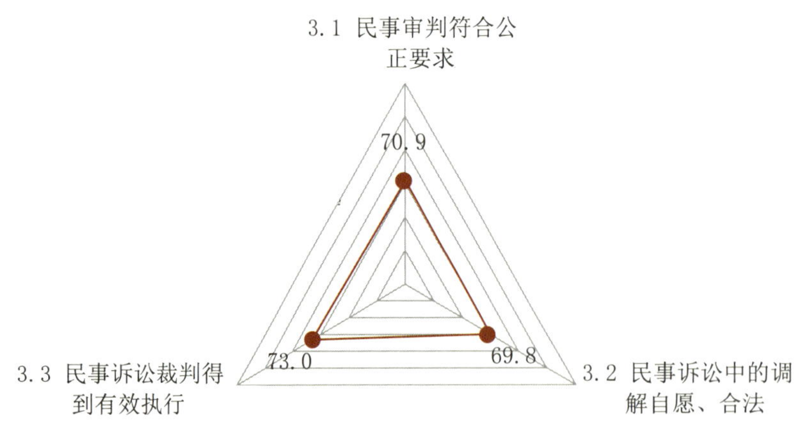

图9　“民事司法程序”对应的各二级指标得分情况

表 4 “民事司法程序”对应的 3 个二级指标 31 个省/自治区/直辖市得分排名

序 号	省/自治区/直辖市	3.1 民事审判符合公正要求	3.2 民事诉讼中的调解自愿、合法	3.3 民事诉讼裁判得到有效执行
1	北 京	26	29	14
2	天 津	7	31	7
3	河 北	24	5	19
4	山 西	31	19	20
5	内蒙古	20	16	8
6	辽 宁	6	6	25
7	吉 林	9	7	21
8	黑龙江	25	26	12
9	上 海	3	2	9
10	江 苏	17	3	5
11	浙 江	1	4	2
12	安 徽	14	27	24
13	福 建	12	15	31
14	江 西	16	17	3
15	山 东	13	23	18
16	河 南	22	30	22
17	湖 北	15	20	29
18	湖 南	28	28	15
19	广 东	10	10	17
20	广 西	23	13	28
21	海 南	2	1	1
22	重 庆	21	18	23
23	四 川	11	24	30
24	贵 州	19	22	6
25	云 南	4	12	11
26	西 藏	29	11	27
27	陕 西	18	21	16
28	甘 肃	27	8	26
29	青 海	8	25	4
30	宁 夏	5	9	13
31	新 疆	30	14	10

指标4　刑事司法程序（3/10）

在10个一级指标中，“刑事司法程序”以71.5分位列第3名。全国31个省/自治区/直辖市中，海南得分最高（81.5分），新疆得分最低（68.0分），二者相差13.5分。

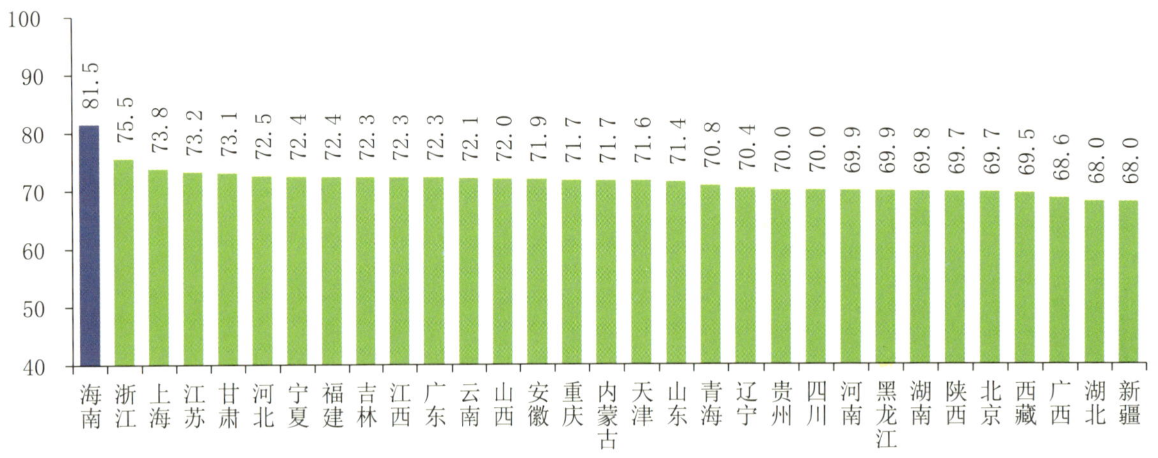

图10　31个省/自治区/直辖市“刑事司法程序”一级指标得分比较

我们用以下3个二级指标来测量“刑事司法程序”，具体为：①侦查措施及时合法；②审查起诉公正有效；③刑事审判公正及时有效。在这3个二级指标中，“刑事审判公正及时有效”得分最高（73.2分），“侦查措施及时合法”得分次之（72.0分），而“审查起诉公正有效”排名垫底（69.5分）。

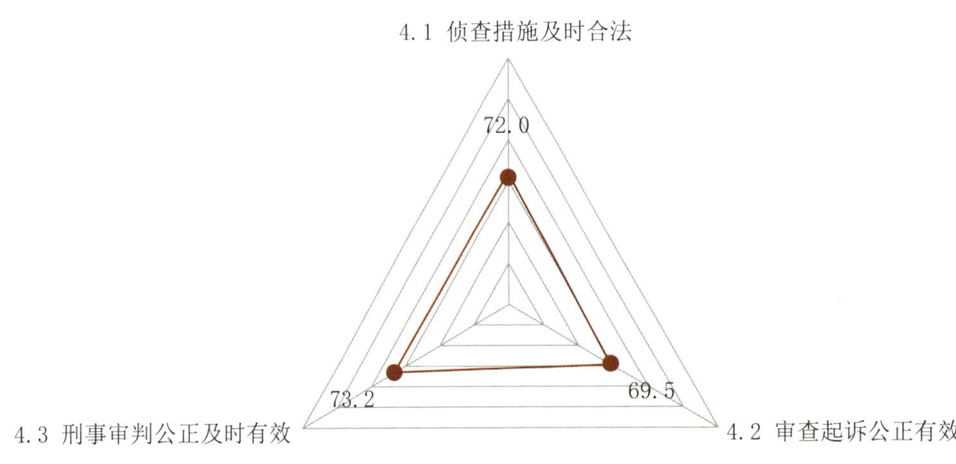

图11　“刑事司法程序”对应的各二级指标得分情况

表5 "刑事司法程序"对应的3个二级指标31个省/自治区/直辖市得分排名

序　号	省/自治区/直辖市	4.1侦查措施及时合法	4.2审查起诉公正有效	4.3刑事审判公正及时有效
1	北　京	31	16	20
2	天　津	9	20	13
3	河　北	15	17	5
4	山　西	10	15	12
5	内蒙古	12	23	9
6	辽　宁	11	30	16
7	吉　林	16	14	8
8	黑龙江	20	29	18
9	上　海	5	11	4
10	江　苏	4	18	6
11	浙　江	2	2	2
12	安　徽	13	28	3
13	福　建	7	10	15
14	江　西	21	4	11
15	山　东	17	8	22
16	河　南	18	19	29
17	湖　北	29	26	30
18	湖　南	30	22	19
19	广　东	22	3	14
20	广　西	26	27	28
21	海　南	1	1	1
22	重　庆	28	6	10
23	四　川	25	13	26
24	贵　州	27	9	27
25	云　南	6	5	23
26	西　藏	24	21	25
27	陕　西	23	24	24
28	甘　肃	8	7	7
29	青　海	14	25	17
30	宁　夏	3	12	21
31	新　疆	19	31	31

指标5　行政司法程序（5/10）

在10个一级指标中，“行政司法程序”以70.9分位列第5名。全国31个省/自治区/直辖市中，海南得分最高（86.3分），湖北得分最低（66.5分），二者相差19.8分。

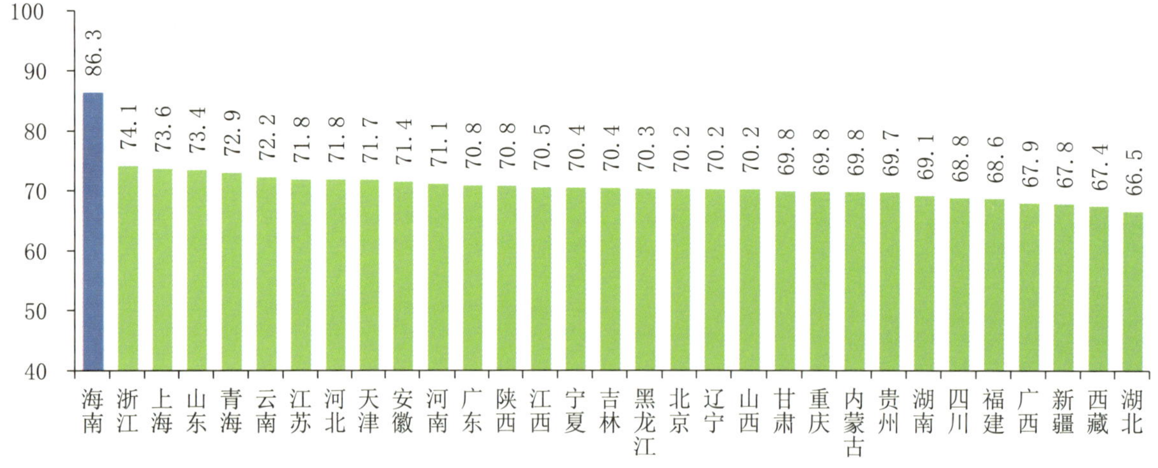

图12　31个省/自治区/直辖市“行政司法程序”一级指标得分比较

我们用以下2个二级指标来测量“行政司法程序”，具体为：①行政审判符合公正要求；②行政诉讼裁判得到有效执行。在这2个二级指标中，“行政审判符合公正要求”的得分（74.2分）高于“行政诉讼裁判得到有效执行”的得分（67.7分）。

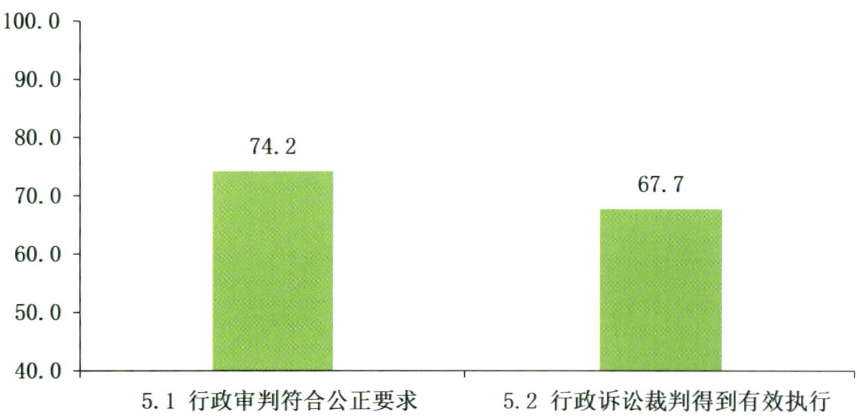

图13　“行政司法程序”对应的各二级指标得分情况

表 6 "行政司法程序"对应的 2 个二级指标 31 个省/自治区/直辖市得分排名

序 号	省/自治区/直辖市	5.1 行政审判符合公正要求	5.2 行政诉讼裁判得到有效执行
1	北 京	15	22
2	天 津	7	12
3	河 北	5	21
4	山 西	19	18
5	内蒙古	21	20
6	辽 宁	28	4
7	吉 林	22	11
8	黑龙江	27	6
9	上 海	3	7
10	江 苏	8	10
11	浙 江	4	3
12	安 徽	6	19
13	福 建	26	28
14	江 西	17	15
15	山 东	2	9
16	河 南	10	14
17	湖 北	31	27
18	湖 南	20	29
19	广 东	9	23
20	广 西	24	31
21	海 南	1	1
22	重 庆	12	30
23	四 川	25	24
24	贵 州	23	16
25	云 南	11	5
26	西 藏	29	25
27	陕 西	14	17
28	甘 肃	16	26
29	青 海	13	2
30	宁 夏	18	13
31	新 疆	30	8

指标6　证据制度（6/10）

在10个一级指标中，“证据制度”以70.2分位列第6名。全国31个省/自治区/直辖市中，上海得分最高（74.5分），湖北得分最低（66.8分），二者相差7.7分。

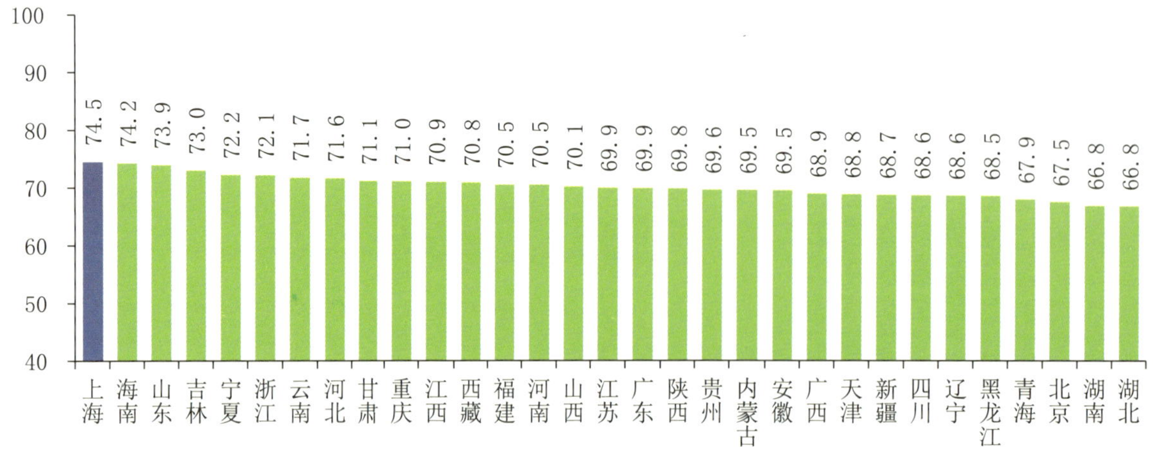

图14　31个省/自治区/直辖市“证据制度”一级指标得分比较

我们用以下3个二级指标来测量“证据制度”，具体为：①证据裁判原则得到贯彻；②证据依法得到采纳与排除；③证明过程得到合理规范。在这3个二级指标中，“证明过程得到合理规范”得分最高（73.0分），其次是“证据依法得到采纳与排除”（69.5分），而“证据裁判原则得到贯彻”的得分最低（68.3分），与最高分相差4.7分。

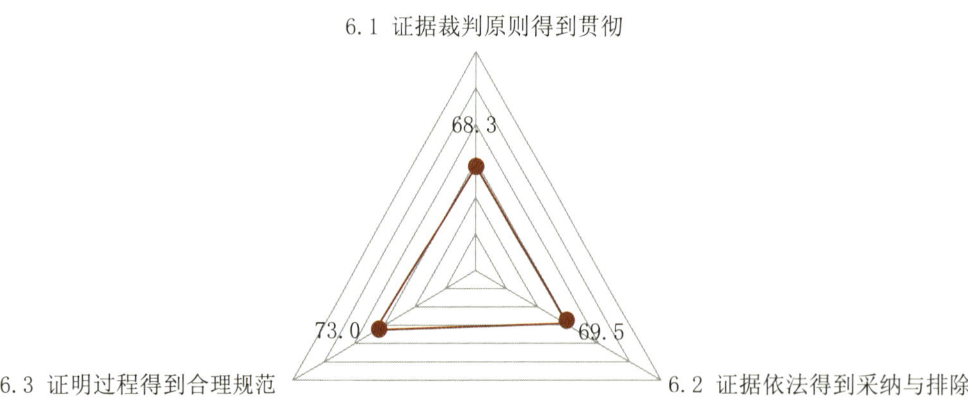

图15　“证据制度”对应的各二级指标得分情况

表 7　“证据制度”对应的 3 个二级指标 31 个省/自治区/直辖市得分排名

序　号	省/自治区/直辖市	6.1 证据裁判原则得到贯彻	6.2 证据依法得到采纳与排除	6.3 证明过程得到合理规范
1	北　京	26	27	29
2	天　津	30	18	11
3	河　北	7	8	8
4	山　西	17	20	10
5	内蒙古	22	25	9
6	辽　宁	20	26	25
7	吉　林	10	3	5
8	黑龙江	31	11	23
9	上　海	3	1	2
10	江　苏	15	19	19
11	浙　江	6	5	4
12	安　徽	25	14	18
13	福　建	12	22	6
14	江　西	11	13	13
15	山　东	2	2	7
16	河　南	18	9	15
17	湖　北	27	30	30
18	湖　南	28	31	28
19	广　东	9	23	16
20	广　西	19	21	24
21	海　南	1	12	31
22	重　庆	16	4	20
23	四　川	21	29	22
24	贵　州	8	17	26
25	云　南	5	6	12
26	西　藏	4	16	17
27	陕　西	14	24	14
28	甘　肃	23	10	3
29	青　海	24	28	27
30	宁　夏	13	7	1
31	新　疆	29	15	21

指标 7　司法腐败遏制（9/10）

在 10 个一级指标中，“司法腐败遏制”以 66.6 分位列第 9 名。全国 31 个省/自治区/直辖市中，海南得分最高（87.2 分），江西得分最低（61.7 分），二者相差高达 25.5 分。

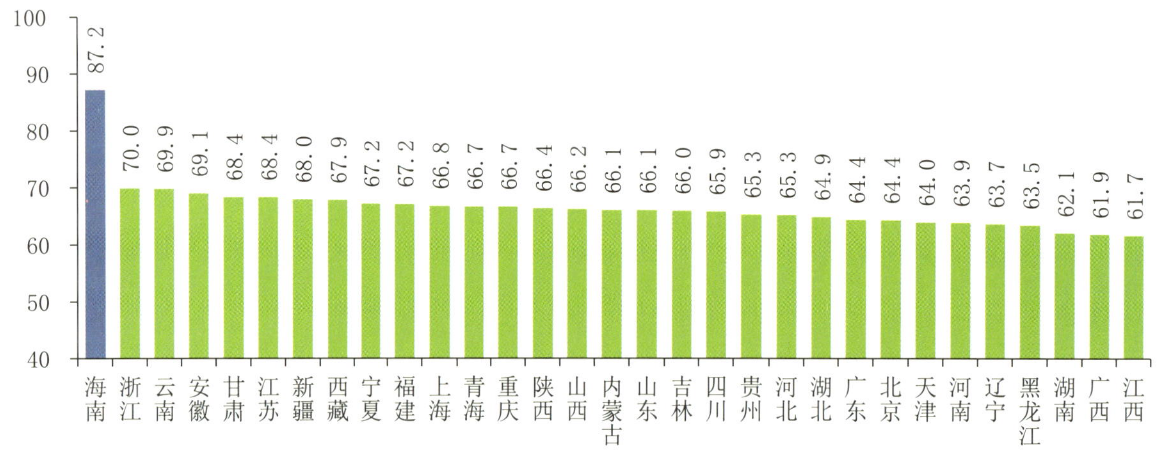

图 16　31 个省/自治区/直辖市“司法腐败遏制”一级指标得分比较

我们用以下 3 个二级指标来测量“司法腐败遏制”，具体为：①警察远离腐败；②检察官远离腐败；③法官远离腐败。在这 3 个二级指标中，“检察官远离腐败”得分最高（68.4 分），其次是“法官远离腐败”（66.4 分），而“警察远离腐败”得分最低（65.0 分）。

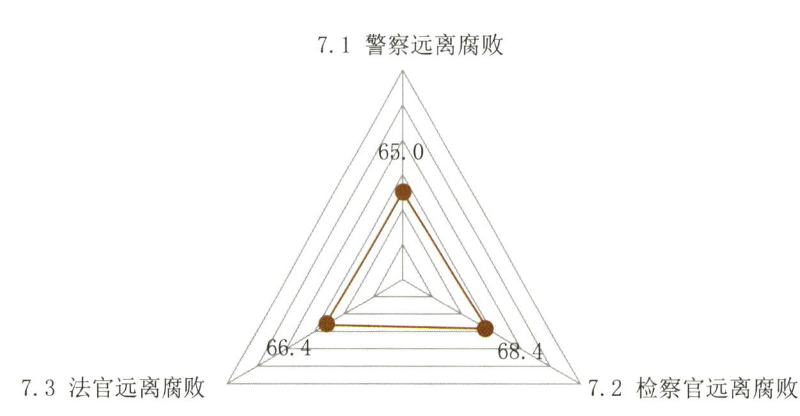

图 17　“司法腐败遏制”对应的各二级指标得分情况

表8 “司法腐败遏制”对应的3个二级指标31个省/自治区/直辖市得分排名

序号	省/自治区/直辖市	7.1 警察远离腐败	7.2 检察官远离腐败	7.3 法官远离腐败
1	北京	27	24	21
2	天津	24	22	27
3	河北	21	19	22
4	山西	8	20	16
5	内蒙古	19	16	15
6	辽宁	28	26	25
7	吉林	14	17	18
8	黑龙江	23	28	29
9	上海	12	15	9
10	江苏	4	9	5
11	浙江	2	4	3
12	安徽	5	3	4
13	福建	15	8	8
14	江西	31	30	30
15	山东	16	11	19
16	河南	26	27	26
17	湖北	17	23	23
18	湖南	29	31	28
19	广东	25	25	24
20	广西	30	29	31
21	海南	1	1	1
22	重庆	10	18	13
23	四川	22	14	17
24	贵州	18	21	20
25	云南	3	2	2
26	西藏	7	10	6
27	陕西	20	12	12
28	甘肃	6	6	7
29	青海	11	13	14
30	宁夏	13	7	11
31	新疆	9	5	10

指标8　法律职业化（10/10）

在10个一级指标中，“法律职业化”以64.5分排名垫底。全国31个省/自治区/直辖市中，青海得分最高（68.5分），北京和辽宁紧随其后，而甘肃在该项上的得分垫底（61.1分），与最高分相差7.4分。

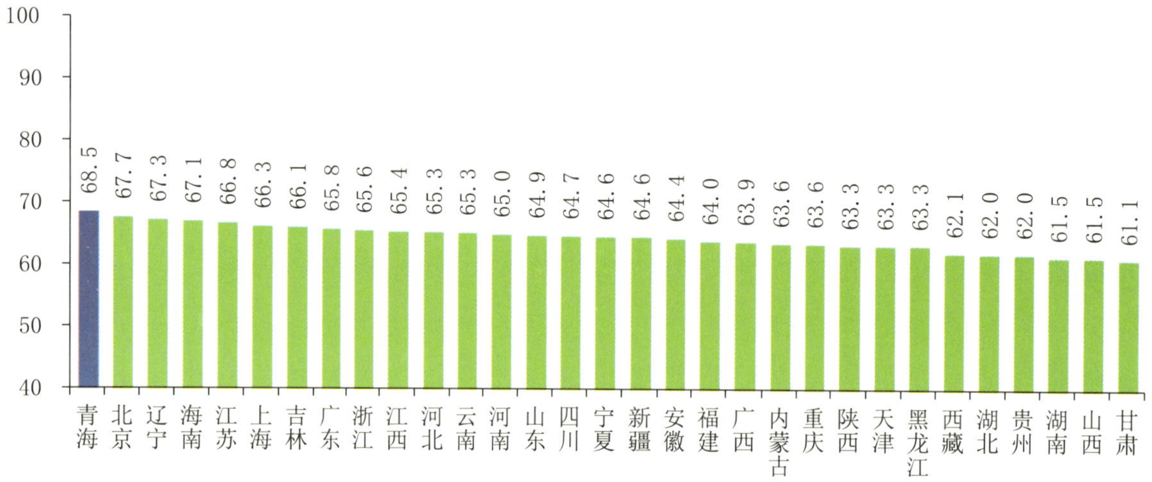

图18　31个省/自治区/直辖市“法律职业化”一级指标得分比较

我们用以下3个二级指标来测量“法律职业化”，具体为：①法律职业人员获得职业培训；②法律职业人员遵守职业伦理规范；③法律职业人员享有职业保障。在这3个二级指标中，“法律职业人员获得职业培训”得分最高（69.6分），其次是“法律职业人员享有职业保障”（65.2分），而“法律职业人员遵守职业伦理规范”得分最低（58.8分），比“法律职业人员获得职业培训”低10.8分。

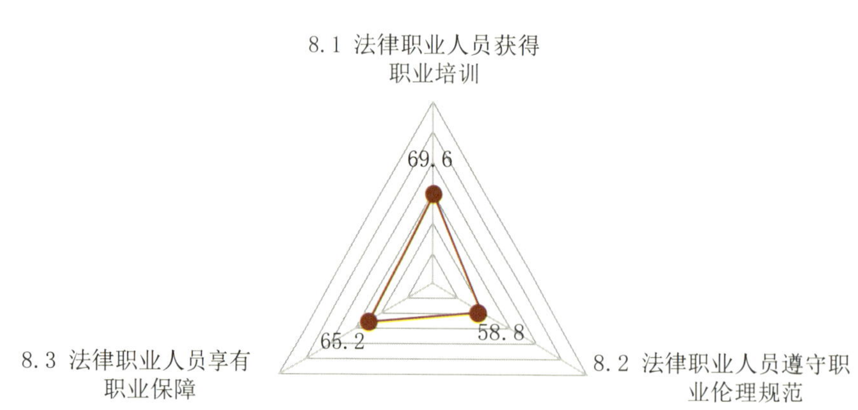

图19　“法律职业化”对应的各二级指标得分情况

表 9　“法律职业化”对应的 3 个二级指标 31 个省/自治区/直辖市得分排名

序　号	省/自治区/直辖市	8.1 法律职业人员获得职业培训	8.2 法律职业人员遵守职业伦理规范	8.3 法律职业人员享有职业保障
1	北　京	1	21	27
2	天　津	19	29	11
3	河　北	20	15	3
4	山　西	26	17	28
5	内蒙古	23	12	16
6	辽　宁	2	19	20
7	吉　林	14	7	5
8	黑龙江	24	16	18
9	上　海	3	18	22
10	江　苏	7	5	7
11	浙　江	11	11	19
12	安　徽	16	14	12
13	福　建	22	8	14
14	江　西	10	26	8
15	山　东	13	28	13
16	河　南	8	24	23
17	湖　北	25	20	25
18	湖　南	21	30	30
19	广　东	4	22	24
20	广　西	5	31	31
21	海　南	29	1	1
22	重　庆	18	25	17
23	四　川	9	13	26
24	贵　州	30	10	6
25	云　南	12	23	9
26	西　藏	31	3	10
27	陕　西	17	27	21
28	甘　肃	28	6	29
29	青　海	6	4	2
30	宁　夏	15	9	15
31	新　疆	27	2	4

指标9　司法公开（1/10）

在10个一级指标中，“司法公开”以75.9分位列第1名。全国31个省/自治区/直辖市中，云南得分最高（81.3分），海南得分垫底（63.4分），二者相差17.9分。

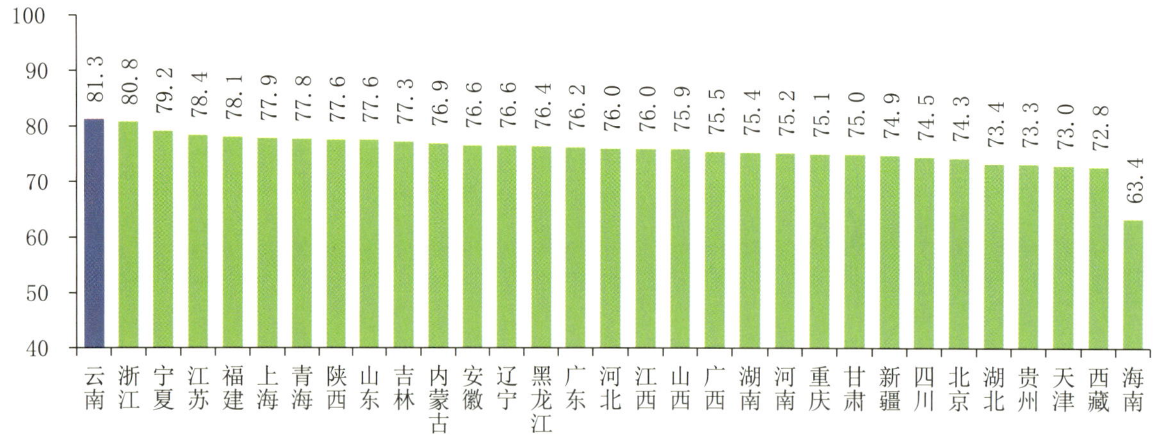

图20　31个省/自治区/直辖市“司法公开”一级指标得分比较

我们用以下2个二级指标来测量“司法公开”，具体为：①司法过程依法公开；②裁判结果依法公开。在这2个二级指标中，“裁判结果依法公开”得分较高（76.3分），“司法过程依法公开”以75.5分位列之后。

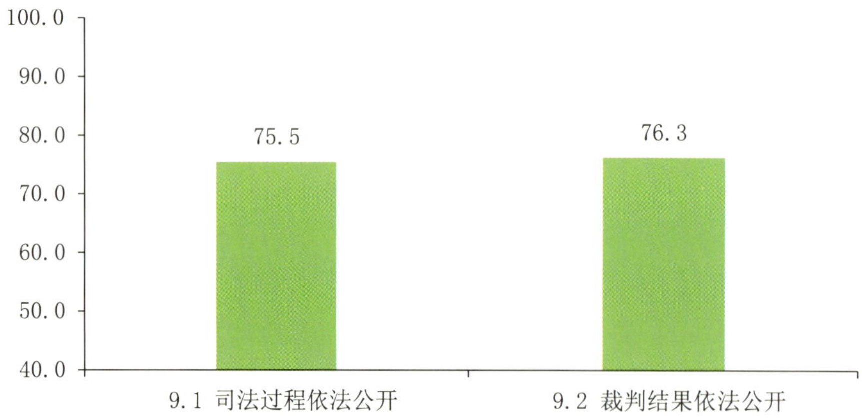

图21　“司法公开”对应的各二级指标得分情况

表 10　“司法公开”对应的 2 个二级指标 31 个省/自治区/直辖市得分排名

序　号	省/自治区/直辖市	9.1 司法过程依法公开	9.2 裁判结果依法公开
1	北　京	25	25
2	天　津	29	28
3	河　北	21	13
4	山　西	16	19
5	内蒙古	12	11
6	辽　宁	7	16
7	吉　林	18	7
8	黑龙江	8	18
9	上　海	13	5
10	江　苏	10	4
11	浙　江	1	2
12	安　徽	15	14
13	福　建	6	6
14	江　西	11	21
15	山　东	4	10
16	河　南	19	23
17	湖　北	24	30
18	湖　南	23	17
19	广　东	17	15
20	广　西	14	24
21	海　南	31	31
22	重　庆	22	22
23	四　川	20	26
24	贵　州	27	29
25	云　南	2	1
26	西　藏	30	27
27	陕　西	5	9
28	甘　肃	28	12
29	青　海	9	8
30	宁　夏	3	3
31	新　疆	26	20

指标 10　司法文化（8/10）

在 10 个一级指标中，“司法文化”以 66.8 分位列第 8 名。全国 31 个省/自治区/直辖市中，浙江得分最高（71.8 分），青海次之（70.2 分），而西藏得分垫底（60.0 分），与最高分相差 11.8 分。

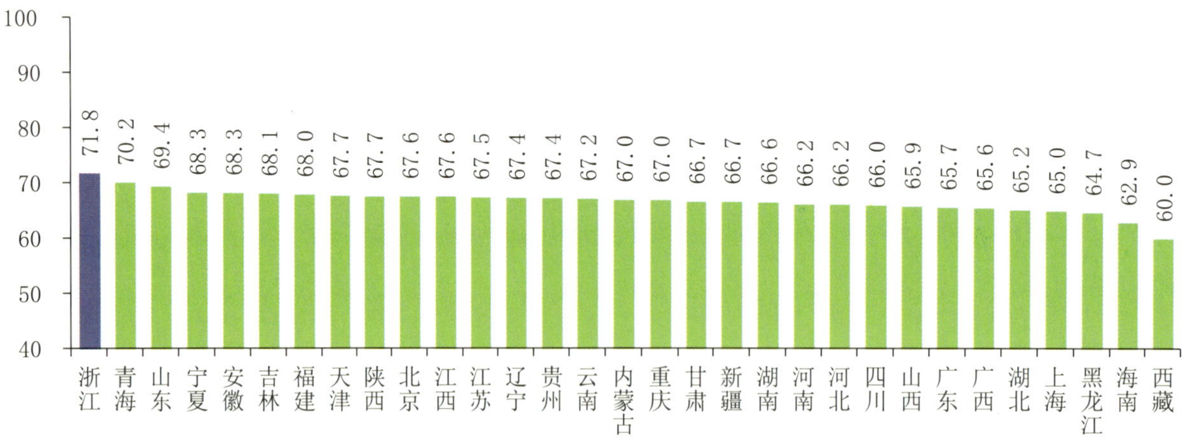

图 22　31 个省/自治区/直辖市“司法文化”一级指标得分比较

我们用以下 4 个二级指标来测量“司法文化”，具体为：①公众参与司法的意识及程度；②公众诉诸司法的意识及程度；③公众接受司法裁判的意识及程度；④公众接受现代刑罚理念的意识及程度。在这 4 个二级指标中，“公众参与司法的意识及程度”得分最高（71.1 分），其次是“公众诉诸司法的意识及程度”（67.2 分）和“公众接受司法裁判的意识及程度”（65.7 分），而“公众接受现代刑罚理念的意识及程度”得分垫底（63.2 分）。

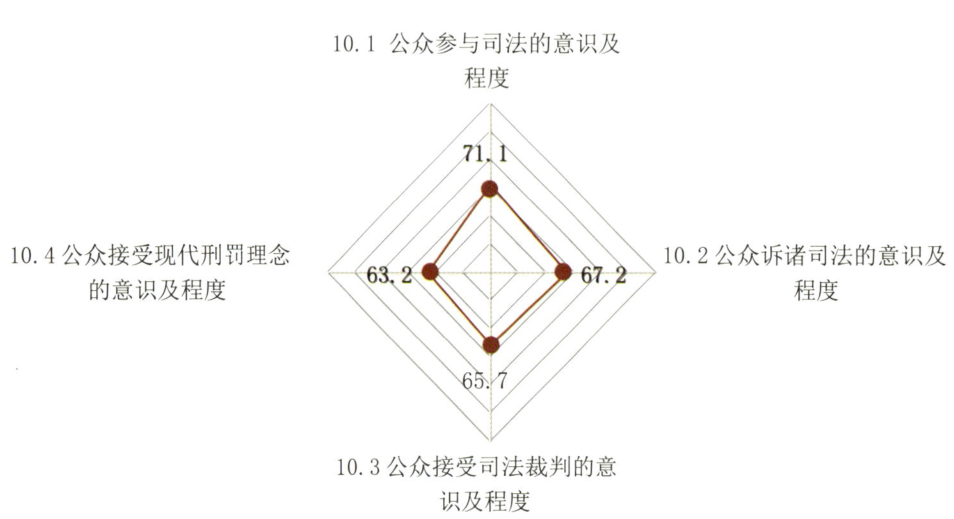

图 23　“司法文化”对应的各二级指标得分情况

表11 "司法文化"对应的4个二级指标31个省/自治区/直辖市得分排名

序 号	省/自治区/直辖市	10.1 公众参与司法的意识及程度	10.2 公众诉诸司法的意识及程度	10.3 公众接受司法裁判的意识及程度	10.4 公众接受现代刑罚理念的意识及程度
1	北 京	15	7	25	1
2	天 津	10	9	8	24
3	河 北	27	20	18	5
4	山 西	21	5	28	28
5	内蒙古	20	14	12	13
6	辽 宁	7	6	24	14
7	吉 林	17	17	5	6
8	黑龙江	26	22	31	19
9	上 海	25	29	19	22
10	江 苏	16	4	15	15
11	浙 江	1	1	2	3
12	安 徽	5	23	13	4
13	福 建	6	11	16	12
14	江 西	14	15	11	10
15	山 东	9	2	4	9
16	河 南	23	25	14	16
17	湖 北	22	26	26	18
18	湖 南	4	28	20	23
19	广 东	24	27	23	8
20	广 西	13	19	30	25
21	海 南	30	30	27	29
22	重 庆	29	18	6	2
23	四 川	18	21	21	21
24	贵 州	12	24	3	27
25	云 南	19	16	7	11
26	西 藏	31	31	29	31
27	陕 西	11	13	17	7
28	甘 肃	28	12	10	17
29	青 海	2	3	1	26
30	宁 夏	3	10	9	20
31	新 疆	8	8	22	30

后　记

本书是“双一流计划”、“2011计划”司法文明协同创新中心“司法文明指数”项目团队集体合作的成果。从司法文明指标体系、调研问卷的设计修订，问卷的发放与回收统计分析，到最后报告的撰写，均有赖于项目团队成员的集体协作和互相支持。本书具体撰稿人如下：

序　言　张保生

第一章　司法文明指数概论：张保生、施鹏鹏、满运龙

第二章　司法文明指数设置一、二：张保生、施鹏鹏、满运龙

第二章　司法文明指数设置三、四：

（一）司法权力（褚福民）

（二）当事人诉讼权利（褚福民）

（三）民事司法程序（樊传明）

（四）刑事司法程序（张中）

（五）行政司法程序（樊传明）

（六）证据制度（张保生）

（七）司法腐败遏制（施鹏鹏）

（八）法律职业化（吴洪淇）

（九）司法公开（郑飞）

（十）司法文化（满运龙）

第三章　司法文明指数项目：张保生

第四章　司法文明指数数据报告：课题组集体与零点公司

英文翻译　满运龙

全书由张保生统稿，第四章由张保生、张中、吴洪淇共同统稿。

值此本书出版之际，谨向参与和支持本项目的团队成员、专家学者、问卷调查者和受访者表示衷心感谢！

中国司法文明指数项目组
2018年4月24日

图书在版编目（CIP）数据

中国司法文明指数报告. 2017/张保生主编. —北京：中国政法大学出版社，2018.6
ISBN 978-7-5620-8046-6

Ⅰ. ①中…　Ⅱ. ①张…　Ⅲ. ①司法制度—研究报告—中国—2017　Ⅳ. ①D926

中国版本图书馆CIP数据核字(2018)第111945号

出版者　中国政法大学出版社
地　址　北京市海淀区西土城路 25 号
邮寄地址　北京 100088 信箱 8034 分箱　邮编 100088
网　址　http://www.cuplpress.com（网络实名：中国政法大学出版社）
电　话　010-58908289(编辑部) 58908334(邮购部)
承　印　北京鑫海金澳胶印有限公司
开　本　889mm×1194mm　1/16
印　张　9
字　数　255 千字
版　次　2018 年 6 月第 1 版
印　次　2018 年 6 月第 1 次印刷
定　价　68.00 元